BAU & WOHN KULTUR

aus fünf Jahrhunderten

BAU & WOHN KULTUR

aus fünf Jahrhunderten

Eine Auswahl aus der Monatszeitschrift
„Die Kunst"
Zusammengestellt und eingeleitet
von Helmut Neuberger

· EDITION THIEMIG ·

Herausgeber und Verlag danken
Dr. Anni Wagner und Dr. Ulla Stoever
für Rat und Hilfe bei der Zusammenstellung
dieses Bandes.
Die Beiträge wurden aus der Zeitschrift
„Die Kunst“ zusammengestellt.

Lizenzausgabe für
Manfred Pawlak Verlagsgesellschaft mbH,
Herrsching

Umschlaggestaltung: Bine Cordes, Weyarn
ISBN 3-88199-414-9

INHALT

In der abendländischen Kultur kommt dem Bauen und Wohnen ein außerordentlich hoher Rang zu. Die Behausung dient nicht allein dem Schutz vor den Unbilden der Natur, sie ist vielmehr auch augenfälligster Maßstab für den jeweiligen gesellschaftlichen Status. Der für die Wohnung getriebene Aufwand übersteigt deshalb nicht selten drastisch die tatsächlichen Bedürfnisse. Behaustsein bedeutet Behagen und Sicherheit. Der Unbehauste ist Objekt unseres Mitgefühls. Obdachlosigkeit wird als gesellschaftlicher Makel empfunden.

Diese Wertschätzung des Heimes ist dem abendländischen Menschen zumindest in den gemäßigten und nördlichen Zonen quasi in die Wiege gelegt. Denn das rauhe Klima Europas machte einen geeigneten Kälteschutz bereits für den Urmenschen überlebenswichtig.

Wie prähistorische Funde beweisen, waren natürliche Höhlen zweifellos die ersten Behausungen der frühen Menschen. Einer zunehmenden Population konnten sie jedoch rasch nicht mehr genügen, und so mußten sich die Menschen schon auf der Kulturstufe des Jägers und Sammlers künstliche Wohnungen schaffen. Sie verwendeten hierzu Holz und Lehm, also leicht verfügbare Materialien. Wie solche Behausungen aussahen, kann man aus Funden sogenannter Hausurnen rekonstruieren. Danach handelte es sich um Erdgruben, über die kegelförmig dünne Stämme aufgestellt und mit Lehm verschmiert wurden. Der Rauch des Herdfeuers entwich durch eine Öffnung in der Dachmitte. Während in klimatisch begünstigteren Gegenden, etwa in Anatolien, bereits vor zehntausend Jahren stattliche Wohnhäuser mit massiven Steinfundamenten und polierten Fußböden entstanden, deren Qualität die Fachwelt in Erstaunen setzte, grub man im Norden noch zur Wikingerzeit die hölzernen Häuser tief in die Erde, um deren klimatisch ausgleichende Wirkung zu nutzen – ein Effekt, den sich die moderne Architektur in einigen ihrer fortschrittlichsten Schöpfungen wieder zunutze macht.

Während also die Germanen noch in überdachten Erdlöchern hausten, litt die Weltstadt Rom bereits unter der Wohnungsnot moderner Metropolen. Dort nämlich gab es schon vor fast zweitausend Jahren die meisten jener Haustypen, die auch heute noch die Bebauung unserer Städte ausmachen: kleine Handwerkerhäuser, geräumige Wohnhäuser mit Einliegerwohnungen, die komfortablen Villen und Paläste der Oberschicht und – eben aus Gründen der Wohnungsnot – drei- und vierstöckige Mietskasernen.

Römische Baukunst blieb Vorbild für Jahrhunderte, auch als im Mittelalter der Adel weitaus unbequemer auf seinen kalten und zugigen Burgen saß, während die bäuerliche Masse in primitiven Holzkaten vegetierte. Und nach Überwindung dieser Epoche griff man in der sinnenfrohen und weltzugewandten Renaissancezeit ungeniert auf antike Vorbilder zurück. Die Villen Andrea Palladios, die über Jahrhunderte bis heute als ästhetisch unübertrefflich und vorbildlich für die Baukunst empfunden wurden, bedienten sich der Formensprache der Antike, und nach Überwindung des verspielten Rokoko griff das Empire abermals auf antike Stilelemente zurück. Diese finden sich auch noch in den Bauten der Gründerzeit, die in ihrer Geschichtsverklärung öde Mietskasernen mit antikisierenden Verzierungen schmückte, und sie finden sich in jenem Möbelstil, der als »altdeutsch« bekannt und beliebt Versandhauskataloge ziert.

Seit dem Ersten Weltkrieg ist solcher Zierat weitgehend von unseren Wohnbauten verschwunden und hat schlichten, oft strengen Formen Platz gemacht. Aber diese äußere Nüchternheit ändert nichts an der traditionellen Wertschätzung des Hauses. Im Gegenteil: Das Eigenheim steht auch auf der Werteskala des zeitgenössischen Menschen ganz oben – sofern ihm nicht die abenteuerliche Preisentwicklung in den Ballungsgebieten den Erwerb unmöglich macht. Denn wie unsere Sprache mit dem Begriff »Haus« nicht den Bau allein meint, sondern alles einschließt, was sich an Menschen und Inventar darin befindet, so hat dieses Wort auch seine einstmalige mystische Bedeutung nicht ganz verloren. Zwar haben wir keine Penaten mehr, von denen wir Schutz für unsere Häuser erbitten, aber nach wie vor ist unser Heim der Spiegel unserer Persönlichkeit, der zentrale Ort, an dem wir Ruhe und Geborgenheit finden, der geordnete und Ordnung schaffende Mittelpunkt unseres Lebens.

VILLEN IM VENETO

Die Blütezeit der Villenkultur im Veneto fällt in die Zeit der Spätrenaissance. Sie ist untrennbar verbunden mit dem Namen Palladios, dessen Schöpfungen als Höhepunkt der europäischen Villenbaukunst schlechthin gelten und auch in späteren Jahrhunderten vielfach kopiert wurden. Die Villen des Veneto sind architektonischer Ausdruck einer vielhundertjährigen Adelskultur, die zunächst städtisch bestimmt ist, mit der Machtausdehnung der Republik Venedig aber das zeittypische Landleben des europäischen Adels adaptiert.

Seite 9 bis 18

VILLEN IM VENETO

Die Villen in der Provinz Vicenza

Von
Klaus-Hartmut Olbricht

Auf dem Höhepunkt ihrer Macht umfaßte die Serenissima Repubblica auf der »terraferma« das Land von Cremona bis zur österreichischen Grenze, von den Alpen bis nach Rimini. Bis zum Ende der Republik blieb dieses Gebiet unter venezianischer Herrschaft. Das Regierungsgebiet Tre Venezie entspricht heute in etwa der Ausdehnung der alten Republik.

Wer jetzt durch das Veneto reist, der tut es, um möglichst schnell auf der Autobahn nach Venedig oder Triest zu kommen, vielleicht besucht er noch, nicht weit von der Autostrada entfernt, Verona, Vicenza, Padua oder Treviso. Nur wenige schenken einer Kultur ihre Aufmerksamkeit, in der sich die Renaissance mit am nachdrücklichsten manifestiert, nämlich in der Villenkultur. Es gibt drei Landschaften in Italien, in denen sich die Villa als Lebensform und als die Verwirklichung konkreter Architekturtheorien realisiert hat: die Toskana, die Campagna Romana und das Veneto. Die Villenkultur der Toskana fällt in die Frührenaissance, die Villenschöpfungen der römischen Campagna sind im Früh- und Hochbarock entstanden, die klassische Veneto-Villa hat ihre Blütezeit in der venezianischen Spätrenaissance erlebt.

Die venezianische »Villeggiatura« verkörpert in ihrer Weise qualitativ die optimalste Lösung der Architekturvorstellungen ihrer Baumeister. Die klassischen Villen Palladios markieren schlechthin den Höhepunkt der Villenbaukunst in Europa. Die Bauten Palladios sollten auf die ihm folgenden Architekten ihre besondere Faszination ausüben. Bis heute kann sich kein Architekt rühmen, so viele Nachahmer gefunden zu haben. Elias Holl begann seinen Weg im Sinne seines Vorbildes Palladio, Perrault ließ sich bei seiner Louvre-Fassade von palladinischen Beispielen inspirieren, Ledoux, der Revolutionsarchitekt, orientierte seine Entwürfe an den Mustern von Palladio. Die Baukunst Englands heißt im 17. und 18. Jahrhundert einfach »Palladianismus«. Leitstern der gesamten europäischen Palast- und Villenarchitektur vom Barock über den Klassizismus bis zur Gründerzeit war die Villa Rotonda, jene Villa, die Palladios Traum von Arkadien auf venezianischem Boden am reinsten inkarniert. Neben Palladio waren es die Architekten Sansovino, Sanmicheli, Falconetto und Scamozzi, die zwischen 1540 und 1600 die vermeintlichen Garanten einer in der ästhetischen Vollkommenheit auf Erden gespiegelten irdischen Glückseligkeit waren. Über 2000 Villen sind heute die Baudenkmäler dieser einflußreichsten Epoche der Architekturgeschichte. Viele der Villen, die zwischen der Mitte des 16. Jahrhunderts und dem 18. Jahrhundert entstanden, sind heute unregistriert, viele der Baumeister sind unbekannt geblieben. Ein erster umfangreicher Villenkatalog der Villen der Provinz Vicenza (Autor dieses sachlich einwandfreien zweibändigen Werkes ist Renato Cevese) ist erst im vergangenen Jahr erschienen, im Jahr zuvor ein solcher Katalog von den lombardischen Villen. Noch in Vorbereitung ist ein Register der Villen in der Provinz Treviso. Für die Kunstgeschichte ist die Villenforschung also immer noch relatives Neuland. Wenn auch heute die Pracht der Hofhaltung in dem »Villenparadies« des Veneto von einst verblaßt ist, viele der adeligen Besitzer verarmt sind, dann haben noch immer diese Monumente einer hedonistischen Lebensweise sich ihre Gültigkeit als Zeugen eines politischen Phänomens bewahrt, das erst heute in seiner umfassenden sozialen Bedeutung kritisch eingeschätzt wird. Die Kunsttheorie der Renaissance ist zu einseitig als ein humanistisches Phänomen erklärt und verstanden, die Bauwerke selber sind nur unter ästhetischen Kriterien beurteilt worden. Jetzt untersucht die Kunstsoziologie die Rolle dieser Künstler in der Gesellschaft und interessiert sich für die »Villa als Herrschaftsarchitektur«.

Für die Denkmalpflege in Italien ist angesichts der vielen Probleme auch die Restauration der Villen eine kaum zu lösende Aufgabe. Einige der historisch wichtigen Villen sind heute in ihrer baulichen Substanz schon so weit ruiniert, daß eine Restauration als unmöglich erscheinen muß. Andere Villen werden unbefestigt die nächsten Jahre nicht überstehen und einstürzen. Dank der Arbeit der Vereinigung für die Rettung der Denkmäler, der »Ente per le Ville Veneto«, sind einige Villen vor dem Einsturz schon bewahrt worden.

Die eine oder andere Villa hat den Besitzer in den letzten Jahren gewechselt. Viele der alten Inhaber konnten der Unterhaltungspflicht nicht nachkommen, die staatlichen Mittel sind bei dem Überfluß von Kunstwerken in Italien nicht ausreichend, um alle Wünsche zu erfüllen.

Die Villengeschichte von Vicenza beginnt mit der venezianischen Machtübernahme 1404 und dauert bis in die neoklassische Periode, die um 1830 zu Ende ist. In dieser Architekturgeschichte lassen sich mehrere Tendenzen und Perioden unterscheiden. Die erste Periode umfaßt das 15. und 16. Jahrhundert. Unter dem Einfluß des Hinterlandes entstehen zunächst noch schmucklose, einfache Gebäude, die oft von Türmen flankiert sind; später macht sich der Einfluß Venedigs bemerkbar, die Bauten werden eleganter, sie bekommen einen Portikus, oft auch eine Loggia. Das 16. Jahrhundert wird vor allem von den Werken Palladios geprägt, aber auch von Vincenzo Scamozzi mitbestimmt. Im 17. Jahrhundert werden die machtvollen Stilvorbilder abgelegt. Der Architekt Antonio Pizzocaro ist ein Baumeister mit eigenen, originellen Vorstellungen. Die Rückbesinnung auf Palladio leitet im 18. Jahrhundert eine Renaissance der Baukunst des großen Architekten aus Vicenza ein. Mit dem Neoklassizismus endet diese letzte Periode der Villenbaukunst.

Obwohl es keinem der Architekten gelang, den attraktiven, kompakten Baustil Palladios zu verdrängen, zeigten sich dennoch im 18. Jahrhundert in der Provinz Vicenza von Palladio stilistisch abweichende Bauformen. In Bassano und Umgebung richteten sich die Baumeister mehr nach Longhena und Massari. In einem kleinen Landstreifen zwischen Lonigo und Orgiano ist der Einfluß des veronesischen Architekten Sanmicheli spürbar. Der übrige Teil des Landes entscheidet sich für Palladios Bauten.

Eine Fahrt zu den Villen der Provinz Vicenza kann man von Verona aus beginnen. Es empfiehlt sich, die Landstraße nach Vicenza zu nehmen, um all die Villen längs und abseits der Hauptstraße besuchen zu können, die bekannt und deshalb ausgeschildert sind, aber auch jene zu sehen, deren man sich dann entzieht, wenn man sich nur an die vorgeschriebenen Wege hält. Manche Villenfahrt hat den Reiz des Abenteuerlichen, vorzugsweise dann, wenn man über unplanierte und steil ansteigende Feldstraßen auf Entdeckungsreise geht. Mit einem guten Orientierungssinn und einer Generalstabskarte zur Hand, lassen sich heute noch Villenentdeckungen machen, die in keinem der Führer oder Kataloge bezeichnet sind. Und zur rechten Zeit sollte man die schmackhaften venezianischen Speisen und den köstlichen Wein kosten. Die venezianische Küche gehört zu den besten Europas, die Köche fühlen sich hier noch als Priester der Idee des »cuoco segreto«.

Villen im Veneto

1 *Auf der vorhergehenden Seite:*
Villa Contarini, heute Villa degli Armeni, in Asolo. *In den Bergen von Asolo zeigt diese Villa in der Abendstimmung eine architektonische Vollendung, die nachhaltig den Traum von einem freien Leben auf dem Lande repräsentiert*

2 **Villa La Rotonda, Vicenza.** *Die berühmteste der Villen des berühmtesten der im Veneto tätigen Architekten, Andrea Palladio, ist die »Rotonda«. Quadratisch mit überkuppelter Mitte, liegt jeder Gebäudeseite eine über Treppen zu erreichende Tempelfront vor. Durch diese Konstruktion erhält sie die Gestalt des bisher dem Sakralbau vorbehaltenen griechischen Kreuzes*

1 *On the foregoing page:*
Villa Contarini, now Villa degli Armeni, at Asolo

2 *The villa La Rotonda near Vicenza is the best known residence built by the famous architect Andrea Palladio*

3 Villa Negri-Piove in Mussolente.
Diese in ihrer formalen Kompositi schon fast neoklaszistische Villa ist von dem Architek Antonio Gaidon entworfen worder Inmitten einer hügeligen Wiesenlandschaft in Mussolente erheb sich dieser Herrschaftssitz über de Tal. Auch er folgt der Vorstellung seines Erbauers, d nicht nur den ästh tischen Genuß gesucht, sondern auch den Herrschaftsgedanken berücksichtigt hat der sich in der Höhe der Wohnlage manifestiert

The almost neoclassicist villa Neg Piovene at Mussolente was designe by Antonio Gaido

4 Villa Allegri, heute Arvedi, in Cuzzan di Grezzana (Verona).
Nach einem Entwurf von G. B. Bianchi wurde die Villa in der zweite Hälfte des 17. Jahr hunderts auf ein dort früher schon existierendes Gebäude gestellt. Vor zwei Türmen begrenzt, fügt sich diese Architektur i eine Belvedere-Situation im erhöh ten Terrain. Villa und Garten sind in ihrem ursprünglichen Zustand erhalten. Der Rau hinter dem Gebäu wird von einer zwe armigen Treppe szenisch wirksam gestaltet

The villa Allegri, now Arvedi, at Cuzzano di Grezzar (Verona)

5 Villa Valmarana dei Nani in ·cenza, S. Bastian. *Der Name Villa dei Nani rührt von den zwergenhaften Gestalten her, die auf der Gartenmauer stehen. Die Villa soll einst einem reichen Edelmann ·gehört haben, dessen Tochter zwergenhaft verunstaltet war. Um ihr den Mißwuchs zu verbergen, so wird erzählt, habe der Vater sie unter Zwergen aufwachsen lassen. Aber eines Tages kam ein schöner Prinz des Weges, das Mädchen erkannte seine Mißgestalt und nahm sich das Leben. Die Villa besteht aus drei Einzelbauten, dem Casa padronale, dem Herrenhaus also, dem Gästehaus, ·eide von Tiepolo mit Fresken ausgemalt, und den Ställen. Das dualistische, nach einer strengen Ordnung sich regelnde Verhältnis der Bauten geht eindeutig aus der zeitgenössischen Architekturtheorie hervor*

The villa Valmarana dei Nani at Vizenca is famous for its many dwarfish pieces of sculpture

·a Rocca Pisana bei Lonigo. *Diese Villa wurde 1576 für Vettor Pisani gebaut. Der Architekt Vincenzo Scamozzi hat sie als freie Nach·ildung von Andrea Palladios Villa La Rotonda« entworfen. La Rocca hat eine Fassade und drei gleiche Seiten; die Fassade zeigt einen mit ionischen Säulen bestückten Pronaos. Für Scamozzi war diese Villa die vollkommene Erfüllung seiner architekturtheoretischen ·orstellungen. Die Forderung nach »höchster Vollkommenheit der Luft, des Windes und der Sonneneinstrahlung«, nach »einem Bauplatz auf einem Hügel oder in leicht erhöhtem Terrain«, ist hier auf ideale Weise gelöst*

La Rocca Pisana near Lonigo was built in 1576 by Vicenzo Scamozzi ·as a free reproduction of Palladio's La Rotonda for Vettor Pisani

7

7 Villa Cordellina-Lombardi (Nordseite) in Montecchio Maggiore. *Die Villa wurde zwischen 1735 und 1760 von Giorgio Massari errichtet. Bauherr war der berühmte Rechtsberater der venezianischen Republik Carlo Cordellina. Von großem kunsthistorischen Wert sind die von G. B. Tiepolo im Herbst 1743 geschaffenen Wandgemälde für die Empfangshalle*

8 Villa Angaran delle Stelle in Maso Vicentino. *Eines der reinen Beispiele der vicentinischen Villenkultur des 18. Jahrhunderts in der Provinz. Bemerkenswert, daß nur eine Fassade, die nämlich der Front mit ionischen Pilastern dekoriert ist, während die anderen Wände ohne Schmuck geblieben sind*

8

ardino dei Giusti in Verona. *ne der Sehenswürdigkeiten, die mer wieder in den Reise-roniken erwähnt wird. Thomas oryate, der englische Globetrotter, hreibt im Jahre 1608: »... falls du f deinen Reisen Verona zu sehen ünschst, versäume es nicht, dir ntritt zu dem Palast des Grafen ugustinus Justus zu verschaf-n ... Dieser Garten, ein Ort der uhe und des Friedens, mit vielen rschlungenen Pfaden, Frucht-iumen verschiedenster Art wie igen, Orangen und Aprikosen; vei Reihen himmelanstrebender ypressen standen zu je dreiund-eißig in gerader Linie.«*

auernhaus im Valpolicella-Tal erona-Negrar). *Die Loggien nter flachen Bogenreihen, die seit n späten Villen Michelozzos zu n Kennzeichen der fürstlichen undsitze gehörten, wurden zu einem selbstverständlichen Motiv auch in den volkstümlichen Bauten anonymer Architekten, so wie vieles aus der Theorie der monumentalen Landsitze von den Gewohnheiten des einfachen Handwerks auf-genommen und den eigenen Zwecken dienstbar gemacht wurde*

7 *The villa Cordellina-Lombardi (north front) at Montecchio Maggiore was built by Giorgio Massari between 1735 and 1760 for Carlo Cordellina, then legal counsellor to the Republic of Venice*

8 *The villa Angaran delle Stelle at Mason Vicentino may be considered a typical instance of the villa architecture of the 18th century*

9 *The Giardino dei Giusti at Verona was already in former centuries considered a unique sight*

10 *A farmhouse in the Valpolicella valley showing typical features of the monumental villa architecture*

10

11 **Gartenanlage der Villa Rizzardi in Poiega di Negrar, Verona.** *Der Garten der Villa Rizzardi gehört zu den schönsten im Veneto. Er wurde von Luigi Trezza für die Grafen Rizzardi 1783 begonnen und 1793 fertiggestellt. An einem Hügel des Valpolicella-Tales dreistufig angelegt, gleicht seine unterste Stufe einem halbkreisförmigen Theater, wie man sie aus der Antike kennt. Auf der dritten Stufe begrenzt ein kleiner Giardino segreto mit einem Brunnen aus Stalaktiten die Gartenarchitektur, dazwischen liegt ein weiterer, hinter Zypressen versteckter Brunnen, der reich mit Skulpturen dekoriert ist. Sie stammen, wie alle Figuren des Gartens, von dem Bildhauer Pietro Muttoni*

The gardens of the villa Rizzardi at Poiega di Negrar near Verona belong to the most beautiful in the Veneto region. They were planned and planted by Luigi Trezza at the foot of a hill in the Valpolicella valley in the years from 1783 to 1793

DER GARTEN DER VILLA LANTE

Die Gegend, in der sich heute der Garten der Villa Lante erstreckt, war einst das bevorzugte Jagdrevier der römischen Päpste und Kardinäle. Denn die Jagd war nicht nur Privileg der weltlichen Fürsten. Auch der hohe Klerus frönte mit Lust diesen höchst weltlichen Vergnügungen, ganz besonders in jener lebensfrohen Zeit nach dem Ende des Mittelalters. Nicht umsonst sind Verweltlichung und Prunksucht der Renaissancepäpste sprichwörtlich geworden. Mit seiner historisierenden, an der Antike orientierten Architektur ist der Garten der Villa Lante auch lebendiges Dokument einer Epoche, die ihr künstlerisches Ideal in der Rückbesinnung auf die ästhetischen Werte der Antike erkannte.

Seite 19 bis 28

Der Garten der Villa Lante

bei Viterbo

Von Klaus-Hartmut Olbricht

Der Garten der Villa Lante in Bagnaia, sechs Kilometer vom Zentrum Viterbos entfernt, ist eine beispielhafte Anlage aus jener Epoche der italienischen Gartenkultur, die darauf abzielte, den Garten unabhängig von einer anderen Architektur als vollendetes, in sich geschlossenes Kunstwerk zu gestalten. Die Funktion als Außenraum eines Bauwerkes, das durch den umgebenden Garten ein Mehr an Bedeutung erreicht, wurde zunehmend verringert zugunsten der Gartenanlage selber, die eigengewichtig, weder Attrappe noch Attribut, sondern ein Kunstwerk zu sein beanspruchte. Das wird nun in der Verbindung zu den Bauwerken verwirklicht; Pavillons, Terrassen, Brunnen, Rampen, Statuen, Balustraden, Vasen und Obelisken sind organische Elemente einer Architektur, die aus dem Garten ein vollendetes Kunstwerk schafft, das unverkennbar antike Züge trägt. Nicht unerheblich beeinflußt von der Architektur-Theorie Palladios, der statt des Nebeneinanders von heterogenen Formen prinzipiell die Symmetrie des Grundrisses im Entwurf verlangte, wurde nun auch in der Gartenarchitektur ein Hauptmotiv gewählt und im Aufbau und in der rhythmischen Raumaufteilung gegliedert. Die zentralisierenden Motive und die symmetrische Anordnung auf den beiden Seiten der Mittelachse in der Anlage der Villa Lante ergeben ein einheitliches Bild. Haus und Garten sind die Verwirklichung eines harmonischen Gestaltungswillens. Der Hauptteil des den beiden Palazzine vorgelegten Gartens hat eine quadratische Form. Die Felderaufteilung ist regelmäßig quadratisch, sie umgibt die von einer Balustrade umgürtete quadratische Bru nenanlage des Gartens im Zentrum. Das G lände steigt hinter den beiden Gebäuden zw schen den symmetrisch angelegten Casini t rassenförmig an. Gegen den Hain findet s eine Achse in barocker Modellierung, wo die Wasserachse genau in der Gartenachse lie Die Fertigstellung dieser Gartenanlage h fast ein Jahrhundert gedauert, dann endl wurde die bis heute sichtbare Harmonie d Gartens erreicht. Für den Garten der Vi Lante ist der Schmuck der beiden Palazz fast bedeutungslos, nicht aber die Kompositi des Gartens für die beiden gleich gestalte Pavillons. Die Form der Gartenanlage verle erst den Gebäuden den Rahmen und die W de. So entspricht die Architektur der Gebäu ganz dem symmetrischen Entwurf des Garte

Der Garten der Villa Lante

eide, das Gebäude wie der Garten, bilden us dieser Sicht das vollendete architektoni- che Meisterwerk. Ende des 15. Jahrhunderts at Kardinal Raffaele Riario (ein Neffe von 'apst Sixtus IV.), der zugleich ernannter Bi- chof von Viterbo war, die Waldlandschaft um agnaia erschlossen. Das Gebiet um Bagnaia var lange das bevorzugte Jagdterrain der 'äpste und Kardinäle aus Rom. Der Kämme- er des Papstes, Bischof Riario, hat im Jahre 505 diesen Besitz seinem Neffen Ottaviano ermacht. Er war es, der als erster in diesem agdrevier ein Gebäude errichtete, das heute och an der Peripherie des Gartens als Jagd- ütte steht. Nicola Ridolfi, Bischof von Viterbo, aute im Jahre 1532 einen Aquädukt, der aus wei Quellen gespeist wurde. Mit diesem Lei- ungssystem war der Anfang gemacht, das agdrevier in eine Gartenlandschaft zu ver- vandeln. Als der eigentliche Erbauer und Jrheber des berühmten Gartens gilt Kardinal Giovan Francesco Gambara. Als Kardinal Gambara war er der apostolische Administra- or von Viterbo. Er war es, der die Hügel errassieren ließ und die Gartenanlage an- egte und auch die eine der beiden Palazzine aute. Die außergewöhnliche Lage des Gar- ens war für einen besonderen künstlerischen Entwurf von Vorteil. Der sanft abfallende Hügel bedurfte keiner gewaltigen Erdbewe- ungen, die Terrassierungen waren natürlich egeben, sie selbst waren nur einzugrenzen. Die Lage selber gab auch das bis heute vor- andene Gefühl für die Weite sowohl in das iefer gelegene Tal als auch in die höher gele- enen Hügel. Von seinem natürlichen Reich- um an Waldbestand und Wasservorrat hat ante gegenüber den berühmten römischen Gärten, die verhältnismäßig wasserarm wa- en, reichlich profitiert. Als besonders gut ge- ungen gilt der Übergang von dem Waldgebiet n den Garten, von dem wilden Pflanzenwuchs n die gestaltete Natur. Diese Verbindung hat ichts Dramatisches, Zerrissenes, sondern im Jbergang etwas selbstverständlich Natür- iches. Auch die Art der Bepflanzung unter- tützt den Eindruck eines harmonischen Voll- ugs; den emporsteigenden Terrassen folgend, tufen sich die Pflanzen farbig ab, der Schat- en wird immer tiefer, das Grün immer dunk- er bis in den tiefen Wald hinein.

Der Architekt dieses berühmten Gartens steht icht einwandfrei fest. Die Zuschreibung an

3

4

uf der vorhergehenden Seite:
in Blick auf den »italienischen Garten«
runnen der Giganten. Detail
Aauren-Brunnen. Detail
Die »Wasserkette«

On the foregoing page:
View on the "Italian Garden"
Fountain of the Giants. Detail
Fountain of the Moors. Detail
The "Water-Chain"

O·FRAN·CAR
DE·CAMBARA

'ignola, der zur gleichen Zeit den Garten der ı der Nähe gelegenen Villa Caprarola ent-'orfen hat, ist begründet, wenn man den ntwurf der beiden Gärten vergleicht. Der til von Lante entspricht jener gelockerten tmosphäre und dem vollendeten Maß in der onstruktion, die für das Werk von Vignola bezeichnend sind. Wenn Vignola wirklich er Gartenarchitekt gewesen ist, dann ist auch ie Möglichkeit gegeben, daß er die Verwirk-chung seines Planes Tommaso Chinucci aus iena überlassen hat, der als Wassertechniker ch nicht nur bei dem Bau der Villa d'Este nen berühmten Namen gemacht hat. Mit er Wasserkunst wurde in Lante wirklich nicht espart. Hinter den Pavillons, an den beiden eiten der ersten Terrassen, stehen in den Väldchen gleich zwei Brunnen. Auf der dann lgenden Terrasse ist in eine säulenge-hmückte Futtermauer ein Brunnen einge-ssen, der sich in Fällen und Stufen ergießt. ie nächste Terrasse hat ein langgestrecktes assin, in dem zwei Flußgötter die Stütz-auer mit tragen helfen. Dazwischen sprüht n Krebs Wasser aus seinen Scheren. Dieser rebs, Wahrzeichen und Familienwappen der ambara, bildet die Wassertreppe für die berhalb liegende Terrasse. Ein auf dieser errasse befindlicher Brunnen speist einen anal, der durch einen Steintisch seinen Weg immt. In diesem Tisch, so wurde berichtet, t der Wein des Kardinals temperiert worden, er mit seinen Gästen unter freiem Himmel u essen pflegte. Dieser Gartenteil wird abge-hlossen durch eine Grotte, die gleichzeitig as Brunnenhaus für das Quellwasser ist. Für ie großen Brunnenbauer war das Wasser eine estaltungsfähige Materie, aber erst in der orzüglichen Zusammenarbeit mit den Bild-auern hat das Element des Wassers seinen ünstlerischen Ausdruck gefunden. Die Sta-ıen standen nun nicht mehr verstreut in den lischen, sondern waren umgeben oder ein-ezogen in das Wasserspiel und wurden so elber zu lebendigen Kunstwerken. In Lante t der Garten des Architekten mit dem Gar-en des Bildhauers in einem beispielhaften leichgewicht.

is zu seinem Tode im Jahre 1587 wohnte ardinal Gambara in Lante. Dann schenkte apst Sixtus V. seinem Großneffen Alessandro Damasceni die Besitzungen von Lante. Mit 4 Jahren wurde Damasceni zum Kardinal rnannt, Papst Sixtus gab ihm bei der Wahl einen eigenen Namen »Peretti di Montalto«. ardinal Montalto betrieb unverzüglich den usbau des Gartens und die Schmückung der 'illa. So wurde die zweite Palazzina 1598

oggia der Musen
'allazzina Montalto
'asen vor der Pallazzina Montalto

oggia of the Muses
'allazzina Montalto
'ases in front of Pallazzina Montalto

Der Garten der Villa Lante

6

7

Der Garten der Villa Lante

fertiggestellt. Der Brunnen »Fontana del Quadrato«, der vier nackte Mauren darstellt, wurde neben den meisten bis heute erhaltenen Wasseranlagen gebaut. Als Montaigne auf seiner Italienreise 1580 den damals schon berühmten Garten besuchte, waren die Bronzejünglinge noch nicht auf dem zentralen Brunnen im Parterre montiert. An ihrer Stelle schäumte eine Wasserpyramide, und in den vier den Brunnen umgebenden Becken ankerten steinerne, mit Blumen gefüllte Barken. Den Reisebeschreibungen von Montaigne ist zu entnehmen, daß diese einmal mit Musketieren besetzt waren, die ihre Wasserschüsse gegen die Pyramiden abfeuerten und sogar aus einer Trompete Wasser bliesen.

Nach dem Tod von Kardinal Montalto befand sich die Anlage schon in jenem Zustand, der bis heute erhalten ist, sieht man von den unwesentlichen Änderungen, welche die Mode so mit sich brachte, ab.

Die Villa hat noch oft ihren Herrn gewechselt. Im Jahre 1656 kam sie in den Besitz von Herzog Ippolito Lante. Ihm verdankt sie ihren jetzigen Namen. Der Herzog wurde von Papst Alexander VII. mit Lante für eine Landnahme entschädigt, denn der Papst brauchte die Güter des Herzogs Lante für den Bau einer Befestigungsanlage.

Seit 1953 gehört nun die Villa Lante der »Societa di Villa Lante«. Diese Organisation ist verantwortlich für die Pflege und die Restaurierung einer der schönsten europäischen Gartenanlagen. Die sensitiven Gestalter dieses architektonischen Meisterwerkes haben mit den offenen Hallen, den Loggien, den Fontänen und Kaskaden, Terrassen und Treppen eine abgeschlossene, in sich harmonische Anlage geschaffen. »Und wie im Haus die Herren und Damen umhergingen, das zahlreiche Gefolge untergebracht war und die Dienerschaft ihre Aufgabe und Stellung hatte und versah, so waren im Garten die Damen und Herren in Marmor, die Hermen und Karyatiden in Stein, die Götter mit ihrem mythologischen Gesinde ein Spiegelbild und mit den vielfachen Pflichten betraut: darzustellen, vorzustellen und in Untätigkeit geheimnisvoll tätig und lebendig zu sein« (F. Schnack).

8 *Brunnen der Giganten*
9 *Vasen und Obelisk auf einer Balustrade*

8 *Fountain of the Giants*
9 *Vase and Obelisk on a Balustrade*

10 *Aufgang am Brunnen des Lichts*

Stairs beside the Fountain of Lights

11 *Brunnen der Delphine Detail*

Fountain of the Dolph[illegible] Detail

VILLA BARBARO

Andrea Palladio, der geniale Architekt der Renaissance und Schöpfer vieler heute noch als vorbildlich empfundener Villen im Veneto, hat auch die Villa Barbaro erbaut. Bauherren waren mit Daniele und Marcantonio Barbaro zwei venezianische Gelehrte. Es war bezeichnend für die städtisch geprägte Kultur des Hinterlands der Republik Venedig, daß die feudale Lebensform des Landedelmanns auch der wohlhabenden Patrizierschicht der Stadt offenstand.

Seite 29 bis 38

VILLA BARBARO in MASER

Architekt:
Andrea Palladio

Von Klaus-Hartmut Olbricht
Fotos: Günter von Voithenberg

1 *Fassade der Villa Barbaro in Maser. Im Zentrum die »casa patronale«*

Façade of the Villa Barbaro in Maser. Centre: the "casa patronale"

ie Villa im Veneto gehört zu den ulturinstitutionen, in denen sich, ie im vorliegenden konkreten all, die venezianische Renaisance am eindrücklichsten manistierte. Die Villenkultur des Veto ist sowohl künstlerisch wie ıch gesellschaftlich in ihrer Beutung höher einzuschätzen als die vergleichbaren Kulturformen in der Toskana oder in Rom. Die venezianische »Villeggiatura« wird weitgehend von der Renovatio der Antike, ihren überlieferten Lebensformen, den entsprechenden Sinn- und Leitbildern, bestimmt. Einer der künstlerischen Verwahrer und Verwalter der antiken humanistischen Tradition ist der Architekt Andrea Palladio. Mit dieser Persönlichkeit verbindet sich in der Architekturgeschichte die Vorstellung von einem beispielhaften Baumeister, der die Geschichte der Baukunst maßgeblich mit seinem Werk beeinflußt hat, die europäische und anglo-amerikanische Entwicklung der Architektur wesentlich mitbestimmt hat. Die Villa »Barbaro« in dem Dorf Maser der Provinz Treviso ist der Bau von Palladio, der am nachdrücklichsten den konventionellen Villentypus modifiziert, »in dem er unwiederholbare und ge-

2 *Blick in die Mittelhalle mit allegorischen Darstellungen von Paolo Veronese. Beachtenswert die Meisterschaft in der Vortäuschung des Räumlichen in der Architektur*

View looking into central hall showing allegorical representations by Paolo Veronese. The masterly skill is remarkable with which the illusion of three-dimensional space has been achieved

schichtliche Voraussetzung neugestaltet und nun eine unvergleichliche Formsprache erreichte« (L. Puppi). Die Bauherren der Villa waren die unter venezianischen Intellektuellen angesehenen Brüder Daniele und Marcantonio Barbaro. Die exakte Datierung des Baubeginns des Hauses und der Fertigstellung des Gebäudes ist bis heute umstritten.

Aus verläßlichen Urkunden und anderen literarischen Quellen läßt sich lediglich entnehmen, daß die Villa zwischen 1556 und 1558 bereits existiert hat, weiter ist festzustellen, daß Andrea Palladio seinen Entwurf für das Landhaus im Jahre 1556 vorgelegt haben muß. Die intensive und auch fruchtbare kritische und theoretische Zusammenarbeit zwischen den Bauherren und dem Architekten dürfte mit dem endgültigen Bauprogramm abgeschloss worden sein, die Realisierung d Bauvorhabens konnte also in A griff genommen werden.

Unsicherheiten bestehen auch b züglich der Bauperiode, in der d Ausschmückung der Villa bego nen und fertiggestellt wurde. D Fresko-Malerei in den Innenrä men ist wahrscheinlich zwisch 1560 und 1562 entstanden. D Autorschaft des plastisch

chmucks am Giebel und in der Gartenarchitektur wird Alessanro Vittorio zugeschrieben. Zweiel an seiner Mitarbeit und dem Umfang seiner Arbeit bestehen och heute, eine Zusammenarbeit Vittorios mit dem Bauherrn cheint nicht ausgeschlossen.

Barbaros und Palladios Vorstelung von einer Villa war auf die Wiederherstellung der Idee von er Verwirklichung des antiken Landhauses gerichtet. Die historischen literarischen Quellen für die theoretischen Überlegungen und ihre praktischen Konsequenzen im Bau selbst waren Vitruvs »De Architectura« und Plinius' »Naturalis Historia«. Daniele Barbaro hat in seinem Kommentar zu Vitruv die gesellschaftlichen Ideale der römischen Antike formuliert und ihre Umsetzung in Architektur skizziert.

Nach der Idee des Bauherrn sollte die Villa Barbaro der repräsentative Landsitz eines humanistisch gebildeten Gelehrten und zugleich auch Gutshaus sein. In der architektonischen Korrespondenz zwischen dem Dominikal-Bau mit den vier Säulen ionischer Ordnung und dem Dreiecksgiebel und den Nutzbauten in den Seitenflügeln dominiert die weit hervorragende »casa patronale«.

Villa Barbaro in Maser

3 *Rückwärtige Partie der Mittelhalle mit arkadischen Landschaftsdarstellungen von Paolo Veronese*

Rear part of central hall with Arcadian landscape representations by Paolo Veronese

4 *Der Olymp, von Paolo Veronese als Deckengemälde gemalt*

Olympus, a ceiling painting by Paolo Veronese

Villa Barbaro in Maser

5 *Ein Teil des Schlafraumes im Mitteltrakt der Villa. Die Wände sind dekoriert mit Paolo Veroneses allegorischen Fresken*

Part of bedroom in middle wing of villa. Walls are decorated with Paolo Veronese's allegorical frescoes

6 *Sitzgruppe im Parterre, im Teil des großen Salons*

Sitting-furniture on groundfloor in one part of big salon

Das Moment der landwirtschaftlichen und ökonomischen Nutzung ist für die Ästhetik des Gesamtkomplexes sekundär, für die Unterhaltung aber unerläßlich. »Auf beiden Seiten sind Loggien mit Taubenhäusern an ihren Enden, und unter diesen befinden sich Räume zum Weinkeltern, Ställe und andere Wirtschaftsräume«, so beschreibt Andrea Palladio in seinem Werk I »Quattro Libri dell'Architettura« die ursprüngliche Raumaufteilung in der jeweiligen Barchessa. Die Villa Barbaro ist als architektonische Einheit integraler Teil der sie umgebenden Landschaft. Die natürliche Umgebung ist durch die Architektur transfiguriert. Der Villenbau auf einer Hanglage ist

7 *Speisezimmer im privaten, der Öffentlichkeit nicht zugänglichen Bereich des Hauses*
8 *Große Empfangshalle im privaten Sektor. Dieser Teil des Hauses wurde renoviert, ohne jedoch die historische Bausubstanz anzugreifen*
9 *Der Schlafzimmertrakt im Süd-Flügel mit der Illusionsmalerei von Paolo Veronese*

7 *Dining-room in private zone of house, closed to the public*
8 *Big reception hall in private zone. That part of the house has been renovated without touching the historical architectural substance*
9 *South and bedroom wing with illusion painting by Paolo Veronese*

Villa Barbaro in Maser

Villa Barbaro in Maser

10 *Das Nymphaeum im sogenannten heimlichen Garten; er schließt sich an die Rückfront des Hauses an*

Nymphaeum in so-called secret garden adjoining the rear front of the house

geographisch und stilistisch der vorgegebenen Landschaft angepaßt worden, ebenso bewußt wurden auch der Zier- und Nutzgarten angelegt. Beide Gärten liegen auf einem Hang hinter dem Nymphaeum. Die Landschaft war auch ein wichtiger und maßgeblicher Faktor für die Stereometrie des Villentypus, sie bildete stets die Prämisse für die besondere architektonische Ästhetik. Die Villa Barbaro ist reich an Innendekor. Paolo Veronese hat in dem Zentralbau mit seiner Freskenfolge eine freie Interpretation sowohl der von Vitruv als auch von Plinius verfaßten idealen Landschaftsdarstellungen geschaffen. Eine Analyse der Symbolsprache in den elegischen und arkadischen Darstellungen fehlt in der Palladio-Literatur immer noch. Die in den »Prospekten« gemalten Landschaften überhöhen die Ansichten der Natur, um sie der italienischsten aller Kunstlandschaften, der Campagna Romana, anzugleichen. Mediterrane, römische und venezianische Landschaftselemente werden in der Fresko-Malerei der Villa Barbaro harmonisch in einer Ansicht integriert.

In der wechselvollen Besitzergeschichte der Villa, von der Villa Barbaro zur Villa Besadonna Manin, dann Colferai und heute Luling Boschetti Volpi, die ihren Besitz jetzt Villa Maser nennen, ist die ursprüngliche Architektur, so wie von Palladio entworfen, ohne Eingriffe in die Bausubstanz intakt erhalten geblieben. Die Villa Barbaro in Maser gehört zu den außergewöhnlichen Beispielen der klassischen Villen-Architektur im Veneto, die ihre Idee in der Schönheit des Baukörpers am eindrücklichsten darstellt. Die Villa steht unter ständiger Aufsicht von Restauratoren, ihr baulicher Zustand wird laufend überprüft, da, wo es nötig ist, sorgfältig renoviert und restauriert. Als ein nationales Baudenkmal ist die Villa, ihr Mittelteil mit den Fresken von Paolo Veronese, nicht aber die privaten Räume der Besitzer, der Öffentlichkeit zugänglich.

VILLENGÄRTEN UM FLORENZ

Während sich im Italien des 16. Jahrhunderts allmählich der Formenreichtum des Barock durchsetzte, blieb die Toskana länger den strengeren Linien der Renaissance verhaftet. Barockes Empfinden kam jedoch auch hier zum Ausdruck, indem der Garten der Villa, zuvor noch gänzlich dem Haus zugehörig, in die Landschaft hinauswuchs.
Hatte der Villengarten zur Renaissancezeit noch so profanen Zwecken wie dem Gemüseanbau gedient, so waren Erheiterung und Unterhaltung zu Festlichkeiten nun seine Bestimmung.

DIE MONSTREN VON BOMARZO

Den Geist der Renaissance mit seinem Hang zur Antike atmen dagegen noch die Monstren von Bomarzo in ihrer wilden Sinnlichkeit. Ihr Ursprung und Zweck ist nach wie vor ungeklärt, vermutlich aber entsprangen sie einer Laune des Herzogs Vicino Orsini.

Seite 39 bis 48

Villengärten um Florenz

Von Helga M. Wegener

Im 16. Jahrhundert erfolgte in der italienischen Baukunst, auch in der Gartenbaukunst, die entscheidende Hinwendung zum Barock. Typische Elemente der klaren, symmetrischen Gartenanlagen der Renaissance bleiben vorerst in italienischen Gärten zumeist noch erhalten; symmetrisch-axial gegliederte Wege und Alleen bekommen jedoch mehr und mehr eigenwillige Durchquerungen, zentralisierende Motive und schmückendes Beiwerk wie Putten, Statuen – oft der antiken Mythologie entlehnt –, Vasen, Schalen und Amphoren.

Entscheidend für den barocken Charakter der Gartenanlage ist der Wunsch nach einer Modellierung des gesamten Gebietes um eine Villa; die Gärten sollen aufgelockert und neu gestaltet werden und neben dem Genuß der Natur nicht mehr nur reine Dekoration sein, sondern auch der Erheiterung und Unterhaltung der Gäste dienen, dem »divertimento«. Große Baumeister und Architekten werden überall auch als Gartenarchitekten zur Planung und Beratung herangezogen – Bramante, Ammannati, Vignola, Alberti, Bernini. Bereits zwei Jahrhunderte zuvor hatten Donatello und Verrocchio ihre berühmten Statuen für Nischen und Grotten modelliert, die – oft kopiert – später zahllose Gärten und Parks schmücken sollten.

Das Gelände um eine Villa erstreckt sich nun, im Gegensatz zum Renaissance-Garten, nicht mehr nur unmittelbar um den Zentralbau, sondern wird vielfach in ansteigendes Land eingebettet. Besondere Gartenteile werden seitlich vom Hause angelegt, und oft eröffnen sich dadurch weite Ausblicke über die Campagna.

Mit dem größeren Reichtum der Motive stellte sich jedoch auch in Italien das Bedürfnis nach einer gewissen Auflockerung ein; sehr beliebt werden wiederum, in Anknüpfung an die Tradition antiker und orientalischer Gärten, die Wasseranlagen. Ohne »giuochi di acqua«, Wasserspielereien, kommt kaum noch ein Garten aus – sie reichen von kleinsten Brünnlein und Schalen über Becken, Ram-

Villengärten um Florenz

1 *Auf der vorhergehenden Seite: Parkanlage in der Villa Gamberai in Settignano, Florenz*
2 *Die Villa Gamberaia vom Parterre d'Eau aus gesehen*
3 *Aufgang zur Villa Gamberaia*
4 *Terrassenanlage in der Villa Gamberaia*

1 *On the foregoing page: Park area of Villa Gamberaia at Settignano, Florence*
2 *View from Parterre d'Eau to Villa Gamberaia*
3 *Entrance to Villa Gamberaia*
4 *Terrace grounds of Villa Gamberc*

2

en, Kaskaden und Fontänen bis
n zu großen Wasserorgeln.
eine Barocknymphe, kein Putto,
ein Satyr oder Delphin mehr, in
e nicht ein Wasserspeier ein-
ebaut war; in den Becken tau-
en neue steinerne Motive auf
Zwerge, fratzenhafte Kobolde,
abeltiere und Monstren bevöl-
ern in zunehmendem Maße
ärten und Parkanlagen.
ie Toskana zeigte sich dem Ba-
ck nicht sonderlich zugeneigt,
wohl in der darstellenden Kunst
nd der Architektur als auch in
en Gartenbauanlagen. Der neue
eschmack beeinflußte zwar auch
skanische Gartenarchitekten,
och blieben sie weitgehend den
nearen Maßen und Formen
rer klassischen Tradition treu.
iner dieser typischen, kleineren
alienischen Gärten ist die An-
ge um die Villa »Gamberaia«
ei Settignano, Florenz; sie ver-
örpert die Atmosphäre des Sette-
ento auf besonders eindringliche
nd harmonische Weise und zeigt
eutlich, wie die klassische Kon-
eption des Gartens auch auf
nem unsymmetrischen, unebe-
en und dimensional begrenzten
ebiet verwirklicht wurde. Die
illa selbst ist zwischen 1592 und
610 entstanden, und der sie um-
ebende, damals recht kleine Gar-
n diente noch so profanen
wecken wie dem Kohl- und
ornanbau. Nach beständigen
n- und Umbauten durch seine
echselnden Besitzer gilt dieser
arten nach einigen maßgebli-
en Erweiterungen, Verbesse-
ungen und Veränderungen —
esonders der Beete, Hecken und
asen — im 19. Jahrhundert
eute als ein vorbildliches und
armonisches Beispiel italieni-
her Gartenbaukunst. Seine ur-
rüngliche Entstehung wird Am-
annati oder seiner Schule zu-
eschrieben. Der Aufgang zum
ingangstor der Villa ähnelt
ehr einem kleinen Feldweg als
nem Villenaufgang und läßt
en überraschenden Ausblick von
er Terrasse auf die toskanische
ampagna und den Saum der
tadt Florenz keineswegs ahnen.
ie gradlinigen Wege des Gartens
er Villa Gamberaia sind ein Bei-
iel typischer Raumaufteilung
nerhalb der Gartenplanung, die
nalog zur Raumaufteilung eines
auses entworfen wurde — meh-

3

4

rere kleine Räume wurden einem einzigen, großen Raum vorgezogen. Die Wege münden auf ein zentral angelegtes Wasserbecken mit einem Wasserspeier, umstanden von Putten, kleinen Löwen, bepflanzten Vasen, steinernen Ornamenten und dicht umwachsen von blühenden Pflanzen und Sträuchern. Eiben- und Buchsbaumhecken, kugelig, zu Mäandermustern oder in Pyramidenform geschnitten, begrenzen und betonen den ornamentalen Charakter der Gartenanlage. Auffallend ist der farblich harmonische Zusammenklang der ockerfarbenen Terrakottavasen mit dem verschiedenartigen Grün der dunklen Zypressen und Eiben, dem helleren Laub der Buchsbaum- und Lorbeerhecken und Blattpflanzen sowie dem Gelbgrün des kleinen, auf einer erhöhten Terrasse angelegten Zitronengartens.

Die an orientalische Teppichmuster erinnernden Formen der Wasserbecken sind auf einem Stahlstich des Settecento von Zocchi noch als Beete zu erkennen, diese Wasseranlagen sind also offensichtlich später gebaut worden. Von dem Laubengang des bogenförmig angelegten, kleinen Heckentheaters aus sorgfältig beschnittenen Buchsbaumhecken bietet sich ein unvergleichlicher Ausblick über die Wasserbecken auf die Villa Gamberaia. Die symmetrischen Treppen, Rampen und Balustraden, die zum höher gelegenen Ora gen- und Zitronengarten, eine Glashaus und dem seitlich ang legten, sog. hängenden Gart hinaufführen, finden so lei keine Nachahmung in ander toskanischen Gärten.

Vollkommen verschieden in d Anlage und der Atmosphäre

5 *Terrassengarten der Villa I Tatti in Fiesole, Florenz*

Terrace garden of Villa I Tatti at Fiesole, Florence

6

r Garten der Villa »I Tatti«. ohl kaum jemals ist eine Villa d später auch der zu ihr ge- irende Garten so bekannt ge- orden wie »I Tatti« durch sei- n Besitzer Bernard Berenson. 05 kaufte Berenson diese Villa it dem schmalen, dunklen, lang- streckten Garten und schrieb er den größten Teil seines lite- rischen Werkes. Hier empfing seine kosmopolitischen Freun- und trug seine berühmte unstsammlung zusammen, un- r der die Meisterwerke florenti- scher Kunst des 15. und 16. Jahr- nderts einen besonderen Rang nnehmen. Als Bernard Beren- n die Villa »I Tatti« erwarb, ar von der alten Gartenanlage cht mehr allzu viel vorhanden; ch jahrhundertelanger Verrot- ng waren lediglich noch ein

Villengärten um Florenz

6 Blick vom Gartenpavillon der Villa I Tatti
7 Steinskulptur und Zitronenbäume im »Toskanischen Garten« der Villa I Tatti

6 View from the garden pavilion of Villa I Tatti
7 Stone sculpture and lemon trees in the "Tuscan Garden" of Villa I Tatti

7

Zitronengarten, ein Eichenwäldchen und ein total verwilderter Zypressenhain erkennbar. Die im Jahre 1020 urkundlich zum ersten Mal erwähnte Villa, die 1568 von der Florentiner Familie Zati an die Del Caccia verkauft wurde, ist ebenso wie der Garten von Bernard Berenson und seinen Architekten auf das sorgfältigste restauriert worden. Der terrassenförmig angelegte Garten sollte zwar den freien Durchblick auf die Campagna gewährleisten, dieser Blick wird jedoch von einem dichten kleinen Laubwald versperrt. Villa und Garten gingen nach Berensons Tod gemäß seinem Wunsch in den Besitz der Harvard-Universität über, die dort ein Institut für das Studium der Kunstgeschichte und Kultur Italiens einrichtete.

OGNI PENSIERO VOL

Die Monstren von BOMARZO

Von Klaus-Hartmut Olbricht

n der unmittelbaren Nähe der rovinzhauptstadt Viterbo, nur enige Kilometer entfernt, liegt ımitten der etruskischen Landhaft der Ort Bomarzo. Unteralb des dunklen Palastes der rsini versteckt sich in einem erwahrlosten Park der »heilige Vald« von Bomarzo. Noch imner zeigt sich Bomarzo als ein tück Natur, das von der Aureole es Übernatürlichen umgeben ist. omarzo bleibt der phantastische ersuch, die spröde Materie des teins zu zwingen, das Gesicht ines zwiespältigen Traumes, ines Alptraumes. Die im Park on Bomarzo nun wie wild verreuten verzerrten Architekturen nd bizarren Figuren lassen nur och das Gesamtwerk ahnen. ielleicht haben sich einst die iesenstatuen in den gezielten lan einer labyrinthischen Anage eingefügt, ähnlich der im ürstenpark von Anhalt, wo in erschiedenen Stationen Figurenruppen die Gefahren versinnildlichen, die der einsamen Seele uf der langen Pilgerschaft von er diesseitigen Welt in die jeneitige begegnen.

o unklar die Bedeutung der einelnen Statuen ist, so rätselhaft nd ungewöhnlich ihre Erscheiungen sind, sowenig geklärt ist uch in der Kunstgeschichte die olle dieser architektonischen meraviglia«. Eine der in Stein emeißelten Inschriften auf einer kulptur verrät uns, was dieser sacro bosco« sein sollte: »Ein eiliger Wald, der keinem anderen gleicht.« Der manieristische ubjektivismus verlangt auch hier as Streben nach Distanz und Jnterscheidung, daher die Auflösung der Gewohnheit in die ndersartigkeit, die Vorliebe für as Abnormale, die Umkehrung er Naturgesetze und die Negaion der architektonischen Bauegeln. Tatsächlich ist in dieser artenanlage alles anders, wenn nan sie mit den Schöpfungen aus eben jener Zeit vergleicht, in der wahrscheinlich auch Bomarzo entstanden ist, nämlich im 16. Jahrhundert.

Entstehungszeit, Urheber und Künstler sind weitgehend noch unbekannt. Bis heute hat sich Bomarzo sein Geheimnis bewahrt. Die »Italienische Kunst« von Adolfo Venturi, das Standardwerk für die italienische Plastik des 16. Jahrhunderts, verschweigt diese Anlage ganz. Andere wichtige kunsthistorische Nachschlagewerke ignorieren diese Ansammlung von Skulpturen; die, wenn überhaupt, in der Kunstgeschichte und in Reisegeschichten zitierten Quellen geben oft nur unzureichend, beiläufig oder vieldeutig Auskunft. Der französische Dichter André Pieyre de Mandiargues war es, der sich nach dem Erlebnis von Bomarzo vor nicht langer Zeit an die Arbeit gemacht hat, dem Geheimnis auf die Spur zu kommen. Nachdem er die bekannten Quellen überprüft und die übernommenen Zitate verfolgt hatte, fand er, allerdings nicht in dem üblichen kunsthistorischen Handapparat, die »Aufzeichnungen über Bomarzo« des Erzbischofs Luigi Vittori. Wenn sich die Reportagen auch nur auf die verschwundene Stadt Polimartium beziehen, so bemerkt er in seinem Ausgrabungsbericht u. a.: »Der Herzog Vicino Orsini errichtete im Jahre 1525 an der Stelle, wo die alte Festung gestanden hatte, einen großartigen Palast, in dem seinem Wunsche nach nur Pracht und Luxus herrschen sollten. Man bewundert einen Garten aus der Zeit der Orsini mit kolossalen Skulpturen: einen Herkules, der gerade eine Frau zerfleischt, einen Kampf zwischen Tieren, einen Elefanten mit einem Turm, eine Pieta, einen Okeanos, Sphinxe, einen Parnaß, einen kleinen Tempel zum Gedenken der Giulia Farnese.« Verfolgt man weiter die Geschichte des Hauses Orsini, besonders die der Regentschaft von Herzog Pietro Francesco Orsini, genannt Vicino, in den Kommentaren zu den Stammbäumen der »Großen Italienischen Familien«, so erfährt man, daß Vicino die Güter von Montenero, Collepiccolo und Castelvecchio erbte und daß er in Bomarzo einen Palast erbaut hat, in dem ein freskengeschmückter Saal die Aufmerksamkeit von Annibale Caro (1507–1566) erregte. Mandiargues fand in erhaltenen Briefen von Caro an Orsini zwei Kapitel, die auf Bomarzo Bezug nehmen: In einem Brief schreibt Caro an Orsini von »Giganten, Fabeln und so vielen extravaganten und übernatürlichen Dingen«. Aus dieser und anderen Stellen glaubt Mandiargues mit Sicherheit fest-

1 *Links: Menschenfresser*
Left: Cannibal

2 *Mythologische Figur, vermutlich Darstellung der irdischen Wollust*
Mythological figure, probably the voluptuousness

3

4

5

stellen zu können, daß »die monströse Horde der Laune des Herzogs Vicino Orsini entsprungen ist und daß es sie, teilweise oder ganz, schon vor 1546 gegeben hat«. Die Frage nach dem Erbauer scheint damit halbwegs gelöst, die nach dem Künstler bleibt jedoch unbeantwortet. Der italienische Kultursoziologe Mario Praz vermutet, daß Iacopo del Duca, Gartenarchitekt und ein Schüler Michelangelos, einer der Bildhauer gewesen sei. Mandiargues ist dagegen der Auffassung, daß die Figuren das Werk geübter anonymer Bildhauer aus der Toskana oder Umbrien sind. Gustav René Hocke, der Autor des Bandes »Die Welt als Labyrinth, Manier und Manie in der europäischen Kunst«, nennt als Schöpfer dieser artifiziellen Wundernatur den Florentiner Bartolomeo Ammannati. Er soll aufgrund literarischer Vorlagen von Bernardo Tasso diesen Wunderwald entworfen haben.

Herzog Vicino Orsini starb im Jahre 1574, seine Erben kümmerten sich nicht oder nur wenig um den Geisterpark, so verfiel dieser. Die Ländereien um Bomarzo wurden 1654 an Hippolyte Lante della Rovere, den Herrn der in der Nähe gelegenen Villa Lante di Bagnaia, verkauft. Das Schicksal von Bomarzo nimmt seinen Lauf, die Anlage gerät in Vergessenheit. Erstaunlich ist es, daß bis heute der Wunderpark von Bomarzo keine wissenschaftliche Studie wert sein soll. Mit Mandiargues kann man zu Recht vermuten, daß es »Menschen gegeben hat, denen daran gelegen war, die Monstren von Bomarzo in Dunkel zu hüllen – vielleicht ganz einfach wegen ihres Potentials an Erotik und Grausamkeit, Leidenschaften oder Anregungsmöglichkeiten, die in den Staaten der Kirche immer unterm Schef-

fel gehalten worden sind, wofü den Beweis eine schöne obszön Statue liefert, die in den Maga zinen des Vatikans aufbewah wird und die man nur von Foto grafien kennt«. Selbst dann, s möchte man meinen, ist kei hinreichender Grund vorhanden warum die »aufgeklärte Kuns geschichte« nicht einmal in de antichristlichen Phase der Philo sophie, nämlich vor zweihunder Jahren, sich dieses lohnende Themas über Bomarzo angenom men hat.

Mit dem wenigen, was man wei möchte man sich nicht zufrieder geben. Die wenigen Forscher ha ben resigniert, vielleicht schenk man deshalb so leicht der Ge schichte des Fremdenführers Glau ben, wenn er nach dem Sinn vo Bomarzo gefragt wird: »Es wa eine schöne Frau, dieser schenk ten viele Edelleute ihre Aufmerk samkeit. Manch einer verehrt sie glühend. Um die Schöne vo den allzu zudringlichen Blicke der Galane zu schützen, soll ih eifersüchtiger Gatte sie in de Park gebracht und unter die Auf sicht der Giganten und Fabeltier gestellt haben. Die Edelleute er schraken vor so vielen bösen We sen, daß sie die schöne Dam fortan nicht mehr begehrten.«

Schönheit und Grauen mische sich wie selbstverständlich in de Erzählung wie in dem »ästheti schen Schauerarkadien« von Bo marzo. Die Deformation de menschlichen Körpers, die Ent stellung des Tieres, die Verzer rung der Architektur sind bewuß eingesetzte ästhetische Mittel, di den Trieb zum Irrealen ins Phan tastische steigern. »Der Schöpfe von Bomarzo . . . wollte ein My sterium darstellen: die Erschüt terung, die man vor dem Unge wöhnlichen, vor dem ganz un gar Andersartigen, vor dem Zu sammenfall des Gegensätzlichen vor der plötzlichen harmonisie renden Wirkung des Abstrusen ja des ›schlechten‹ Geschmack spürt.« Bomarzo galt den Bauern jahrhundertelang als ein Teufels ort sexueller Orgien. Man kan verstehen, daß die Surrealiste für dieses rätselhafte Ensembl seltsamer archetypischer Figure eine Vorliebe haben, manch eine von ihnen hat sie als Zeugen fü seine Kunst angerufen.

Die Monstren von Bomarzo

3 *Sirene mit Zerberusfiguren*
4 *Steinvasen im Park*
5 *Hund mit drei Köpfen, den die Sage an die Schwelle der Hölle verweist*

3 *Siren with Cerberus figures*
4 *Stone vases in the park*
5 *Dog with three heads which is banished to the gate of hell by myth*

GÄRTEN IN PALERMO

Neapel und Sizilien unterstanden während der Renaissance- und Barockzeit der Krone Spaniens, fielen jedoch nach dem Spanischen Erbfolgekrieg an die österreichische Linie des Hauses Habsburg. Doch schon 1735 gingen sie den Habsburgern endgültig verloren und wurden als Sekundogenitur wiederum den Spaniern überlassen. Bis zu deren Vertreibung durch die französischen Revolutionsheere wurden Neapel und Sizilien wieder von spanischen Vizekönigen regiert. Doch nach der Niederwerfung Napoleons kehrten die alten Dynastien zurück. Neapel und Sizilien wurden zum »Königreich beider Sizilien« vereinigt.

Seite 49 bis 54

GÄRTEN IN PALERMO

Der heute noch öffentlich zugängliche Garten »Villa Giulia« ist nach der Gattin des Vizekönigs, der ihn 1777 anlegen ließ, benannt und 1872 erweitert worden. Die streng geometrische Anlage wurde nach einem Plan des palermischen Architekten Nicolò Palma entworfen. Goethe, der diesen Garten, der auch »La Flora« genannt wird, 1787 kennenlernte, war von dem Reichtum der Pflanzen und der Schönheit der Anlage so entzückt, daß er ihn »den wunderbarsten Ort der Welt« nannte, »einen Wundergarten«. »La Flora« wurde durch Goethe in aller Welt bekannt: »Regelmäßig angelegt, scheint er uns doch feenhaft; vor nicht gar langer Zeit gepflanzt, versetzt er ins Altertum. Grüne Beeteinfassungen umschließen fremde Gewächse; Zitronenspaliere wölben sich zum niedrigen Laubengange; hohe Wände des Oleanders, geschmückt von tausend roten, nelkenhaften Blüten, locken das Auge. Ganz fremde, mir unbekannte Bäume, noch ohne Laub, wahrscheinlich aus wärmeren Gegenden, verbreiten seltsame Zweige... Was aber dem Ganzen die wundersamste Anmut verlieh, war ein starker Duft, der sich über alles gleichförmig verbreitete, mit so merklicher Wirkung, daß die Gegenstände, auch nur einige Schritte hintereinander entfernt, sich entschiedener hellblau voneinander absetzten, so daß ihre eigentümliche Farbe zuletzt verlorenging oder wenigstens sehr überbläut sich dem Auge darstellten.« Der Garten erweckte in Goethe mythologische Erinnerungen: »Aber der Eindruck jenes Wundergartens war mir zutiefst geblieben; die schwärzlichen Wellen am nördlichen Horizonte, ihr Anstreben an die Buchtkrümmungen, selbst der eigene Geruch des dünstenden Meeres, das alles rief mir die Insel der seligen Phäaken in die Sinne sowie ins Gedächtnis.«

Heute nimmt man an, daß Goethe bei seinem ersten Besuch in Palermo in dem Garten »La Flora« das Phäakische, den Garten des Alkinoos, den uns die Odyssee schildert, gesehen und dem Plan zu seinem Fragment gebliebenen Nausikaa-Schauspiel eingefügt hat. Dem Garten »Villa Giulia« ist der botanische Garten angeschlossen. Dieser Garten wurde 1789, im Jahr der Französischen Revolution, angelegt. Am Eingang steht ein Pavillon, der 1789 von dem französischen Architekten Léon Dufourny erbaut wurde. Zu beiden Seiten dieses Gebäudes liegen die 1789 von Marvuglia erbauten Tepidarien. Die reichhaltige botanische Sammlung aus der Zei wurde nach dem Vorbild botanischer Klassifikationen des Justu von Liebig angelegt und ist noch heute im Hauptpavillon zu besichtigen. (Beide Gärten sind de Öffentlichkeit zugänglich, di Pracht der Flora ist immer noch sehenswert und selten.) *KH(*

2

3

Auf der vorhergehenden Seite:

1 *Neoklassizistischer Pavillon im Garten »La Flora«, auch »Villa Giulia« genannt, nach der Gattin des Vizekönigs, der ihn 1777 anlegen ließ*

2 *Die Freskomalerei in dem Eingangspavillon zum botanischen Garten (Entstehungszeit 1789, Architekt: der Franzose Léon Dufourny) stammt von dem Italiener Giuseppe Velasquez*

3 *Promenade im Garten »Villa Giulia«. Marmorbüsten stellen vornehme Bürger der Stadt Palermo dar*

4 *Eine der berühmten, den Garten »Villa Giulia« zierenden Steinvasen*

Auf der folgenden Seite:

5 *Büste eines palermischen Musikers und Komponisten im Garten »Villa Giulia«*

On the preceding page:

1 *Neoclassicist pavilion in the garden of "La Flora", also called "Villa Giulia" after the queen of the vicero who had the garden planted in 177*

2 *The fresco painting in the entrance pavilion to the Botanical Gardens (date of origin 1789; architect: the Frenchman Léon Dufourny) is the work of the Italian Giuseppe Velasquez*

3 *Promenade in the garden of "Villa Giulia". Marble busts represent patricians of the city of Palerm*

4 *One of the famous stone vases decorating the garden of "Villa Giulia"*

On the following page:

5 *Bust of a Palermo musician and composer in the garden of "Villa Giulia"*

DER CHINESISCHE GARTEN

Die chinesische Architektur unterscheidet sich sowohl in ihrer philosophischen Fundamentierung als auch in ihren Konstruktionsprinzipien grundsätzlich von der europäischen. Während das europäische Bauwerk den sozialen Rang des Bauherrn symbolisiert und von daher so dauerhaft wie möglich gebaut ist, aus diesem Grund aber auch künstlerischen Eigenwert beansprucht, ordnet sich das chinesische Bauen dem Prinzip der Raumgestaltung unter. Der chinesische Bau ist nicht Selbstzweck, sondern Bestandteil der Lebensordnung. Die chinesische Architektur bevorzugt daher anstelle wuchtiger Zentralbauten Komplexe leichter Holzkonstruktionen. Während der europäische Bau die Landschaft dominiert, ordnet sich der chinesische ihr unter. Gartengestaltung und Baukunst bilden in China daher eine engere Einheit als in Europa, und nicht selten waren es dort die Maler, die sich der Gartengestaltung widmeten.

Seite 55 bis 64

Der chinesische Garten

Von Irmtraud Schaarschmidt-Richter, Frankfurt am Main

1 *Sommerpalast I-ho-yüan, Peking; Blick über den See zu einer großen Insel*
Summer palace of I-ho-yüan, Peking; view looking across the lake toward a big island

»... alle berühmten Berge und Höhen unseres Landes, alle Täler und Schluchten und Höhlen mit ihren wundersamen Schwingungen, Windungen und Ballungen scheinen sich hier zusammengefunden zu haben ... und gemächlich sitzend hat man in diesem Gärtchen hier eine ganze Welt vor sich in faßbarer Nähe ...« Po Chü-i (772–864), der große Dichter der T'ang-Zeit, schrieb diese »Gedenkschrift für die Steine vom T'ai-hu-See im Ziergarten des Kanzlers Niu Seng-ju«, der dort »sorgsam ausgewählte Gruppierungen« von natürlichen Steinen zu Gebirgslandschaften aufgestellt hatte. Damit sind bereits einige wesentliche Merkmale des chinesischen Gartens umrissen: die Landschaft als Thema, Steine als naturgegebene Materialien und die im Ausschnitt greifbar gemachte unendliche Vielfalt und Weite chinesischer Natur, die dem einzelnen, und nur ihm allein, als Gehalt dieses Kunstwerkes erfahrbar gemacht wird. Denn ein Kunstwerk ist der chinesische Garten, so wie er Landschaft ist, von seinen Anfängen bis heute, wenn auch dem Wechsel gewisser Zeitstile und Entwicklungen unterworfen. Darum ist es nur natürlich, daß der chinesische Garten in enger Beziehung zur chinesischen Landschaftsmalerei steht, ja von ihr entscheidende Anregungen erfahren hat, wenn man sich bei der Gestaltung eines Gartens nicht sogar bestimmte Tuschbilder zum Vorbild nahm. Nicht selten waren Maler auch Gartengestalter, wie zum Beispiel Shih-t'ao im 18. Jahrhundert. Man könnte sogar sagen, der chinesische Garten sei ein dreidimensionales Gemälde. Kann man schon durch eine gemalte chinesische Landschaft – wenigstens mit dem Auge – hindurchspazieren, Kompartiment für Kompartiment sich erschließend, dem Wanderer auf schmalem Weg ins Gebirge folgend, so kann man einen solchen Garten erst recht durchwandern: Rhythmisch, ja dynamisch sich steigernd, reiht sich, wie die Perlen auf einer Schnur, an einem vielfach

2

3

4

Der chinesische Garten

2 *Sommerpalast I-ho-yüan, Peking; Blick zu einem dreistöckigen Turm, einer offenen Halle und einem Pavillon*

Summer palace of I-ho-yüan, Peking; view of a three-story tower, an open hall and a pavilion

3 *Sommerpalast I-ho-yüan, Peking; Blick auf einen Pavillon unter Weiden und Bootshafen*

Summer palace of I-ho-yüan, Peking; view looking upon a pavilion under willows and the harbour

4 *Yi-yüan-Garten, Wuhsi; Pavillon in einer bizarren Felskomposition und Uferpavillon*

Garden of Yi-yüan, Wuhsi; Pavilion on a bizarre composition of rocks, and pavilion on the bank of a pond

verschlungenen, oft mit schönem Paviment versehenem Weg und von ihm geleitet Landschaftsbild an Landschaftsbild, akzentuiert durch Galerien, Terrassen, Pavillons — ja auf sie zugeordnet und dabei gleichzeitig die menschliche Behausung zur Natur hin öffnend. Kaum läßt sich der Garten im Ganzen überschauen. Jedes Kompartiment scheint in sich abgeschlossen: Auf eine Baumgruppe folgt ein Teich mit Wasserfall, dem sich ein aufragendes Steinarrangement anschließt. An einem ein wenig vorgeschobenen Hügel steht ein Pavillon, vor dessen Fenster und raffiniert von diesem eingefaßt sich ein neues Landschaftsbild öffnet mit einer anmutig gewölbten Brücke als Vordergrund bis hin auf die Berge in der Ferne, die das »Bild« gleich einem malerischen Prospekt abschließen. Nach

5

5/6 *Liu-yüan in Su-chou in Südchina, einer der wenigen erhaltenen alten Gärten. Doch ist auch er im Laufe der Zeit stark verändert und mit Architekturelementen und Steingruppierungen überfüllt worden. Abb. 5 zeigt einen Teil des Gartens mit einem kunstvollen Paviment, wie es für chinesische Gärten charakteristisch ist. Im Hintergrund sind an der Mauer, die als Bildfläche oder Bildhintergrund fungiert, Steine und Pflanzen arrangiert. Das mondförmige Tor, das in einen anderen Teil des Gartens führt, wirkt wie der Rahmen für ein weiteres Bild. Abb. 6 zeigt einen Blick auf Galerien und Pavillons, die einen Teich umsäumen*

7 *Cho-cheng-yüan in Su-chou, Südchina. Eine Brücke überquert einen von vielen Steingruppierungen gesäumten Teich, der durch komplizierte Uferlinien weitläufiger erscheint, als er in Wirklichkeit ist*

8 *Cho-cheng-yüan in Su-chou, Südchina. Blick über das stark geschwungene Dach auf verschiedene Steingruppierungen, die man durchwandern kann. Im Zentrum ein monumentaler grotesker Stein, der an eine moderne Plastik erinnert*

5/6 *Liu Yüan at Suchow in southern China, one of the few preserved old gardens. It has, though, suffered heavy changes in the course of time and been burdened with architectural elements and artificial groups of rocks. Ill. 5 shows a part of the garden with an artisticly laid pavement characteristic of Chinese gardens. In the background by the wall acting as a pictorial section or background, plants and stones have been arranged, and the sickle-shaped gate leading into another part of this garden affects us as a frame to yet another picture. Ill. 6 shows a view of galleries and pavilions surrounding a pond*

7 *Cho-cheng Yüan at Suchow, southern China. A bridge across a pond surrounded by many groups of rocks; the pond appears to be much bigger than it really is due to the complicated lines of its banks*

8 *Cho-cheng Yüan at Suchow, southern China. View looking across the curvilinear roof toward several groupings of rocks where one may perambulate. A monumental grotesque piece of rocks stands in the centre reminding us of a modern work of sculpture*

6

7

8

9 *T'ai-hu-See, westlich von Shanghai; Blick über den See, aus dem auch die berühmtesten Steine stammen, die Po Chü-i schilderte*

Lake T'ai-hu, west of Shanghai; view across the lake wherefrom came the most famous stones described by Po Chü-i

einer Wegbiegung aber nähert man sich der Umfassungsmauer, weiß im Sonnenlicht – oder auch im Mondlicht, denn in Ostasien liebt man die Nacht –, mit Bambusstauden davor; leicht vom Winde bewegt, malen sie darauf ein reizvolles Schattenspiel. Die Umfassungsmauer, meist kurvig und den Hügeln folgend, nimmt den Rhythmus des Gartens auf und gibt ihn zurück. Bei alledem aber ist es eine natürliche Landschaft, wenn auch höchst kunstvoll arrangiert, doch mit ganz einfachen Mitteln, mit der Natur selbst.
Im Chinesischen heißt Landschaft meist Shanshui, auch die Landschaftsmalerei wird so bezeichnet. Das bedeutet nichts weiter als Berg und Wasser; Berg und Wasser sind auch die Hauptelemente, aus denen die chinesischen Gärten gestaltet sind: Berge mit Hilfe von aufgeschütteten Hügeln oder aufgestellten Felsen, auch als Insel im Teich; Wasser als Teich und fließend sowie als Wasserfall. Bei den Steinen liebt man die besonderen Formen, die dann vor allem in der Sung-Zeit (960 bis 1279) sich bis ins Groteske und Bizarre steigern können, zerklüftet, mit vielen Graten und ausgewaschenen Löchern, die wieder die Möglichkeit bieten, eine malerisch dahinte gesetzte Pflanze im Ausschnitt sichtbar we den zu lassen. Das Wasser als Teich, entwick lungsgeschichtlich taoistischen und buddhist schen Ursprungs, ist ruhende Fläche; kompl ziert geschwungene Uferlinien mit kleine Landzungen und vor allem eine oder mehrer Inseln lassen auch einen kleinen Teich wei und ausgedehnt erscheinen. Der fließend Bach setzt das Element der Bewegung dage gen, während der Wasserfall einen dramati schen Akzent ergibt. Als Bepflanzung lieb man das symbolisch Bedeutsame, die soge

10 *T'ai-hu-See, westlich von Shanghai; Pavillon auf einer Insel mit Steinkompositionen*

Lake T'ai-hu, west of Shanghai; pavilion on an island, and compositions of rock

nnten »Drei Freunde« zum Beispiel: Kiefer, mbus, Pflaume oder auch den Pfirsichum, wobei besonders Kiefer und Pfirsich nges Leben symbolisieren. Blumen werden m Wechsel der Jahreszeiten angepaßt und enfalls zu malerischen Gruppen komponert: Päonien im Frühsommer, Chrysanthen für den Herbst und Lotos auf dem somrlichen Teich. Diese hier angedeutete Garnstruktur, sozusagen die Quintessenz eines inesischen Gartens, gehört in die Zeit seiner ochblüte von der nördlichen Sung- (960 bis 26) bis zur Ming-Zeit (1368–1644), auch noch bis in die Ch'ing-Zeit (1644–1912), und dieser Garten ist eigentlich der »Literatengarten«, der Garten für den einzelnen. Er ist meist ein Stadtgarten oder liegt bei einer Einsiedelei im Gebirge, wohin man sich allein oder mit Freunden zurückzieht, um ein poetisiertes Leben in Kontemplation und Stille zu genießen. Schilderungen wie die von Po Chü-i eingangs zitierte oder Gedichte, die die Stimmung im Garten widerspiegeln, sind ohne Zahl; im chinesischen Roman ist der Garten häufig ein Grundmotiv. Er gehört – oder gehörte – in China zur menschlich-philosophischen und künstlerischen Existenz. Jeder, der die Mittel dazu besaß, konnte sich nun einen solchen Garten anlegen, über einige Quadratkilometer sich ausdehnend oder auch nur ganz winzig. Doch ging diesen Höhepunkten eine lange Entwicklung voraus, deren Anfänge zweitausend Jahre zurückliegen.

Es begann mit den Jagdparks, lange vor unserer Zeitrechnung: ausgedehnten, eingefriedeten Arealen, üppigen Wäldern mit reichem Tierbestand, ausgestattet mit Jagdpavillons und dergleichen, aber nur dem Kaiser oder König und seinen Gästen vorbehalten. Den

Anfang des eigentlichen chinesischen Gartens setzte man allgemein in die Han-Zeit (206 v. bis 8 n. Chr. und 23–210), obgleich es keine gesicherten Berichte darüber geben soll, sondern nur Überlieferungen. Aber schon vom Kaiser Ch'in Shih-huang-ti (221–210 v. Chr.) heißt es, daß er am Wei-Fluß einen großen Palast und Park sich habe anlegen lassen. Kaiser Wu-ti (140–89 v. Chr.) soll dann diesen Park mit künstlerischen Hügeln, Teich und Inseln erweitert haben. Die Han-Chroniken berichten zwar nichts darüber, doch die Chroniken der T'ang-Zeit (618–906) schildern, wie Wu-ti die Inseln der Unsterblichen in einem großen See nachbilden ließ. Von diesen Inseln, tatsächlichen, im Nebel vor Shantung verschwimmenden Inseln, geht die Legende, daß es, von Schildkröten als den Symbolen des langen Lebens getragen und von den Unsterblichen bewohnt, einst fünf gewesen seien, bis eines Tages ein Riese gekommen sei und einige Schildkröten gefangen habe, so daß nur noch drei Inseln übrigblieben. Eine davon ist der P'eng-lai genannte Inselberg, der als Hôrai-Berg dann auch in den japanischen Garten einging. Mit dieser Nachbildung der Inseln der Unsterblichen war eines der Hauptelemente des chinesischen und des ostasiatischen Gartens überhaupt geboren: die Insel in einem Teich. Zur selben Zeit aber gewann auch der Buddhismus in China an Bedeutung, und mit ihm hielt das Symbol des Weltberges Sumeru, der umgeben ist von »neun Bergen und acht Ozeanen«, im chinesischen Garten Einzug. In der Regel durften in dieser Periode neben dem Kaiser nur die Adligen Gärten anlegen, einem einfachen Bürger war es bei Strafe verboten. Doch lockerte gegen Ende der Periode sich dieses Gebot, und zahlreiche private Gärten, vor allem bei Landsitzen, entstanden, die im Laufe der nächsten Jahrhunderte immer beliebter wurden. Berühmt zum Beispiel ist jenes sogenannte Gartenbankett im Orchideen-Pavillon des großen Schreibmeisters Wang Hsi-chih (307?–365?) der Ost-Chin, das an einem – wohl kunstvoll angelegten – Mäanderbach stattfand, an dem die Gäste aufgereiht saßen und auf dem Weinschalen schwammen. Jeder, bei dem eine Schale Wein haltmachte, mußte ein Gedicht verfassen. Noch zur Zeit der gleichen Dynastie gründete ein Priester namens Hui-yüan (344–417) die Gesellschaft des Weißen Lotos, deren Mitglieder, Mönche und Laien, sich zurückgezogen auf dem Berg Lu-shan der Anrufung des Amithaba widmeten, jenes Buddhas, der die Seelen der Verstorbenen in den paradiesischen Lotos-Garten geleitet. Dort am Lushan gab es Felsen, einen Wasserfall und einsamen Wald – eine ideale Landschaft: In einem Teil lag das Ganze des Universums verborgen, und über die Gipfel hinweg öffnete sich die Unendlichkeit. Allenthalben erging man sich nun in einem Kult der Landschaftsbewunderung, doch zögerte man auch nicht zu

11 *Eingang zum Haus Ts'ao-shih des Dichters Tu Fu. Das mondförmige Eingangstor umrahmt den Blick in den Garten, der wie eine natürliche Landschaft gestaltet ist, aber auch eine gedeckte Galerie besitzt, so daß die Wirkung eines Gemäldes hervorgerufen wird.*

Entrance to Ts'ao-shih, the house of the poet Tu Fu. The sickle-shaped entrance gate constitutes the frame to a picture of the garden arranged like a natural landscape. The effect of a painting is further heightened by the covered gallery

Der chinesische Garten

konkretisieren, indem man diese Landschaft in verkleinertem Maßstab in seinen eigenen Bereich, in den Garten, übertrug. Unter Kaiser Hsuan Wu (500–515) zum Beispiel gab es einen berühmten Gartenmeister Ju Hao, der – nach den Wei-Annalen – Hügel aufschüttete, Felsen gruppierte und Bambus und Bäume anpflanzte, um den Eindruck »ländlicher Wildnis« hervorzurufen, mit Mitteln, die dann, mit einigen Abwandlungen, für Jahrhunderte den chinesischen Garten ausmachen sollten. 607 zur Sui-Zeit legte Kaiser Sui Yang-ti in Loyang seinen Westpark an, indem auch er Hügel aufschütten, fünf Seen und vier Teiche ausheben, ausgewachsene Bäume transportieren, Felsen aufstellen, Pavillons und Paläste errichten ließ. Mit der T'ang-Zeit (618–906) tritt der Stein immer mehr in den Vordergrund, aus der Steingruppe löst sich der einzelne monumentale Stein, der allein ein ganzes Bergmassiv darstellt. Ihren Höhepunkt erreicht die chinesische Gartenkunst dann in der Sung-Zeit (960–1279), und es konnte sogar geschehen, daß ein Kaiser wie

Hui-tsung (1101–1125), mehr Künstler [...] Regent, mit einem Garten, für den er Stei[...] Bäume und exotische Pflanzen aus dem g[...] zen weiten Reich zusammentragen ließ, d[...] Zusammenbruch des Reiches der Nord-Su[...] (960–1126) wenn nicht herbeiführte, so d[...] beschleunigte. Der eigentliche chinesis[...] Garten aber ist jene ruhige, stille Landscha[...] zusammengesetzt aus kleinen, wie natürl[...] arrangierten Gruppierungen, die nicht v[...] Material, sondern von der Form her inter[...] sant sind.

Im heutigen China ist von diesen Gärt[...] kaum noch etwas erhalten und auch nur w[...] niges aus späteren Jahrhunderten, aus [...] Ming- und Ch'ing-Zeit, die ebenfalls n[...] schöne Gärten hervorbrachten. Berühmt a[...] sind immer noch die Gärten von Su-chou, [...] ner Stadt im Süden, wo einst in der Mi[...] Zeit (1368–1644) viele Maler und Dich[...] wohnten, so das Shih-tzu-lin, das Löwenwä[...] chen und der Liu-yüan, die in späterer Z[...] allerdings zahlreiche Hinzufügungen erhi[...] ten. Im Westen bekannt sind vor allem [...] kaiserlichen Palastgärten in Peking, die je[...] vor mehr als zweitausend Jahren begonne[...] Tradition fortsetzten, wenn auch in gewand[...] ter Form. Im Westen des Kaiserpalastes wu[...] in der Chin-Zeit (1115–1235) ein lang[...] streckter See ausgehoben und mit Gärten u[...] geben, im 15. Jahrhundert vergrößerte m[...] die Anlage auf drei Seen, doch durch die B[...] wut der ersten Mandschu-Kaiser ging a[...] verloren. In der Spätzeit aber von Kai[...] K'ang-hsi bis zur Kaiserin Witwe Tsu-hsi h[...] te man einen großen Teil wieder restaurie[...] wenn auch neben den Steingruppen zahlrei[...] Bauten hineingekommen waren. Von d[...] riesigen Komplex des Sommerpalastes Yüa[...] ming-yüan (Garten der vollkommenen Kl[...] heit) ist heute – als öffentlicher Park – ka[...] mehr als der Ende des 19. Jahrhunderts [...] staurierte I-ho-yüan (Garten des Friedens u[...] der Harmonie) genannte Teil erhalt[...] da der gesamte Komplex, der aus verschie[...] nen, mit Gärten umgebenen Palästen [...] stand, 1860 durch plündernde französis[...] und englische Soldaten abbrannte.

Wenn der chinesische Garten nun fast a[...] untergegangen zu sein scheint, so ist sein E[...] fluß, den er ausübte, doch ungeheuerli[...] Über Korea erreichte er zunächst im 6. b[...] 7. Jahrhundert Japan und initiierte dort e[...] ganz spezifische und heute noch lebendi[...] Gartenkunst. Mehr als tausend Jahre spä[...] kam er dann auch bis nach Europa. Brac[...] zwar die erste Phase dieser Berührung du[...] einfaches Kopieren mehr groteske Ergebnis[...] so hat sich im Laufe der Zeit so ganz allmä[...] lich durch die mehr unterschwellige Wirku[...] des chinesischen und später des japanisch[...] Einflusses ein Wandel im europäischen G[...] ten vollzogen, wodurch auf dem Weg ü[...] den englischen Garten eine ganz neue Gru[...] konzeption entstand.

Nach den furchtbaren Zerstörungen, die der Zweite Weltkrieg über ganz Europa gebracht hat, ist die Erhaltung der verbliebenen historischen Bausubstanz ein Anliegen nicht nur der Denkmalpflege, sondern der gesamten Öffentlichkeit, und nicht umsonst werden private Sanierungen mit oft beträchtlichen Summen bezuschußt. Denn die Renovierung eines historischen Bauwerks strapaziert die Finanzen des Bauherrn in aller Regel mehr als ein Neubau. Aber auch an die Kreativität des Architekten stellt ein solches Vorhaben höchste Ansprüche, gilt es doch die Forderungen des Denkmalschutzes mit denen neuzeitlichen Wohnkomforts zu verbinden. Im holländischen Kasteel Groot Buggenum ist das Kunststück gelungen, heterogene Bausubstanz aus mehreren baugeschichtlichen Epochen zu einem harmonischen Ganzen zu verbinden.

Seite 65 bis 82

KASTEEL GROOT BUGGENUM

Kasteel Groot Buggenum in Grathem/Südholland

Von Hans-B. Adams, Mettmann

Fotos: Jürgen Dressel, Düsseldorf, und Manfred Hanisch, Mettmann-Metzkausen

Architekt: Prof. Dr. Helmut Hentrich, Düsseldorf Planbearbeitung: Wilhelm Kessel, Krefeld Gartenarchitekt: Roland Weber, Düsseldorf

»Kasteel Groot Buggenum« ist nicht zu verwechseln mit dem Dorf Buggenum bei Roermond. Die Geschichte zeigt, daß Groot Buggenum zu Grathem einstmals eines der merkwürdigsten adeligen Häuser in der Provinz Limburg war. Alle Eigentümer und Bewohner gehörten zu vornehmen und reichen Familien aus dem adeligen Stand. Dem Archiv von Lüttich zufolge war Buggenum, als Lehen des reichsunmittelbaren adeligen Damenstifts Thorn, bereits um 1400 von Joannes »dem Wilden« von Meersen bewohnt. Die Register sprechen von einem Lehnhof, dessen Besitzer auch alle Jagd- und Fischereirechte besaßen. Die gräflichen Familien Gulgen wie auch die der Kerckem haben das Kasteel lange bewohnt.
Seine wohl lebhafteste Zeit dürfte Groot Buggenum im 17. und 18. Jahrhundert erfahren haben. Lange Zeit tobte ein Streit zwischen Graf Johan-Willem von Kerckem und der Prinzessin Abdisse von Thorn wegen der Jagdrechte im gesamten Distrikt. Während der französischen Revolution wurde das Anwesen 1796 von den französischen Soldaten niedergebrannt. Jahrzehntelang blieb es als Ruine stehen.
Ende des 19. Jahrhunderts ging das Kasteel in den Besitz des Kaufmanns Willem Verbruggen über, der auf den verbliebenen Resten im Jahre 1881 eine »Villa« im »Maas-Renaissance-Stil« errichtete. Am Ende des Zweiten Weltkrieges – im Winter 1944/45 – wurde Groot Buggenum stark beschädigt und in der Folge mangels Baumaterialien nur notdürftig wieder aufgebaut.
Der Zufall spielte bei der Wiederherstellung von Kasteel Groot Buggenum eine große Rolle. Im Frühjahr 1971, als dem heutigen Eigentümer und Bauherrn (ein älterer allein, aber gesellig lebender, weitgereister Kunstkenner und Sammler, der für seine Objekte eine geeignete Unterkunft und für sich selbst ein ländliches Anwesen suchte) eine Zeitungsanzeige auffiel, mit der in der Provinz Limburg in den Niederlanden ein in Verfall geratenes Kasteel mit run 30 000 qm Grund angebote wurde. Der Kauf wurde getä tigt, und es konnte mit de Arbeit begonnen werden.
Viel Mühe kostete vor allem di Erhaltung der vorhandene Bausubstanz. Die im Mauer werk aufsteigende Feuchtigke mußte unterbunden werden. S wurden alle unter der Erde lie genden Fundamente freigegra ben, Fugen ausgesägt und Blei folie eingezogen. Nur durc diese kostenträchtige Form de Isolierung konnte ein Aus trocknen erreicht werden.
Nach 2jähriger Planungszei und nachfolgender Umbaupha se ist zwischenzeitlich in de südholländischen Wiesenland schaft das dreigeschossig turmartige Anwesen, dem ein geschossige Flügelbereiche an geschlossen sind, fertiggestell worden. Architekt Helmu Hentrich verwirklichte sich mi der Restaurierung von Groo Buggenum einen Jugendtraum Heute präsentiert sich ein Her rensitz, der mit seinem weißge schlämmten Ziegelmauerwerk den Schiebefenstern aus Hol

2 *Das Eingangstor. Die Steinumfassung stammt aus dem abgebrochenen Schloß Harff. Das Torgitter ist fränkisch. Beides zweite Hälfte 18. Jahrhundert*

Entrance gate. The stone embrasure comes from demolished Harff Castle. The ironwork is Franconian. Both are a work of the second half of the 18th century

1 *Auf der vorhergehenden Seite: Nordansicht von Kasteel Buggenum unmittelbar nach Instandsetzung und Erneuerung*

On the preceding page: North view of Kasteel Buggenum immediately after restoration and renovation

ıd Dacheindeckungen in ·auen holländischen Pfannen zw. Schiefer eine Einheit mit ͅr Landschaft eingeht. Bei nä- ͅrer Betrachtung erweist sich ıs Ganze als geschickte und ıch geglückte Collage älterer ıd neuerer, regional üblicher ıd auch weit hergeholter bau- :her und gegenständlicher ·etails. Innerhalb der vorge- ındenen Umfassungsmauer ist ne Aufteilung in kleinere Flä- ıen erfolgt, von Mauern oder [ecken umschlossen, die als räuter-, Gemüse-, Stauden-, osen- und Wassergärten in ch abgeschlossene, intime Be- ·iche bilden.

om Vorplatz des Anwesens ıhrt der Weg des Besuchers ırch ein altes schmiedeeiser- ͅs fränkisches Gittertor über ne Brücke, die den Wasser- ·aben überspannt, in den dem ·ebäude vorgelagerten Hof. ur Linken erblickt man einen avillon, der die Nachbildung nes bei Schloß Linn in Kre- ·ld bestehenden Bauwerkes t.

·er Blick nach vorne richtet ch auf eine geschwungene Freitreppe, die zu einer schönen Eingangstüre mit altertümlichem Klopfer leitet. So steht man schließlich vor einem Haus mit einer großen und langen Vergangenheit.

Betritt man nun das Gebäude selbst durch den Haupteingang, so präsentiert sich in einer großzügigen Diele ein Treppenhaus mit reich geschnitztem Eichengeländer, das aus dem 18. Jahrhundert stammt und auf einer Versteigerung in München erworben werden konnte.

Eine Besonderheit sind hier auch die Blaustein-Bodenplatten, die bereits eine historische Vergangenheit besitzen; sie stammen aus dem Abbruch des Schlosses Harff bei Grevenbroich.

Nun gelangt man zunächst durch eine Flügeltüre in den Empfangsraum (»Ofenzimmer« benannt nach einem weißen Keramikofen der Maria-Theresia-Zeit), der mit Möbeln der Aachen- und Lüttichregion ausgestattet ist. Ein großer Glasschrank enthält eine Sammlung von Tellern der Sceaux-Manufaktur mit Nelkendarstellungen. Dann betritt man rechter Hand einen in Eiche vertäfelten Salon. Die Boiserie ist französischer Herkunft. Dahinter liegt das Eßzimmer, das in den unteren Bereichen und im Kamin mit Delfter Fliesen gekachelt ist. In die Fliesen sind Kachelbilder aus Delft und Friesland (Ende des 18. Jahrhunderts) eingelassen. Die Möbel sind meist englischen Ursprungs. Ein Eckschrank enthält eine Sammlung chinesischen Porzellans, Compagnie des Indes, Ende des 18. Jahrhunderts.

Vom Empfangsraum aus gelangt man in die Bibliothek, die eigentlich als Verbindungstrakt dient (der Denkmalpfleger hatte für diese Lösung sofort seine Zustimmung erteilt) zu einem Nebengebäude mit Kaminzimmer und einem davorliegenden Freisitz, der im Sommer auch als Eßplatz genutzt wird. Von hier aus bietet sich ein schöner Blick in die offene freie Landschaft mit den davorliegenden Wassergräben.

Im ersten Obergeschoß, dem Privatbereich des Hausherrn, sind Arbeitszimmer, Bad und Ankleide sowie der Schlafraum angeordnet. Das darüberliegende Geschoß mit drei Schlafzimmern und Bädern wird als Gästebereich genutzt. Schließlich erreicht man das Turmgeschoß. Den Raumeindruck bestimmt eine Sammlung von Vogelkäfigen, die in der Umgebung und auf Trödelmärkten erstanden wurde. Aber auch die alte Kirchturmuhr von Grathem, die die Gemeinde dem Hausherrn überließ, und eine Vielzahl kleinerer und größerer Kunstobjekte haben hier ein neues Zuhause gefunden.

Der Blick vom Turm wird vor allem den Naturfreund begeistern. Rund achtzig neu gepflanzte hochstämmige Pappeln, mächtige Trauerweiden (von denen drei vom Baumchirurgen behandelt und gerettet wurden) sowie eine Fülle von Blumen vorwiegend in den Farben Rot-Weiß-Blau verleihen dem Garten eine fast märchenhafte Atmosphäre. Die Wassergräben mit ihrem klaren Wasser beherbergen nicht nur

eutlich sichtbar die Spuren des Verfalls.
·to aus dem Jahre 1971, ein Raum im Erdgeschoß des Hauses

istinctly visible: the traces of decay.
ıotograph of 1971, a room on the groundfloor

4 *Zustand vor dem Umbau im Jahre 1971*

State prior to re-building in 1971

5 *Die geschwungene zweiseitige Freitreppe führt zur Haustüre mit davorliegender Terasse*

The curved two-branch open-air staircase leads up to the house entrance and a terrace spreading in front of it

Kasteel Groot Buggenum

6 *Garderobe.
An der Rückseite ein französischer Wandbrunnen (Maçon).
Der Zwischenraum zwischen Brunnen und Bogen ist verspiegelt*

*Wardrobe nook.
At the rear side a French wall fount (Maçon).
The interspace between fount and arch is covered with mirrors*

eine beachtliche Anzahl a Fischen, sondern führten auc dazu, daß sich zahlreiche Was servögel hier niedergelasse haben.

Zusammenfassend stellt ma fest: Hier ist ein eindrucksvol les Bauwerk wiedererstanden In dem gegliederten Gefüge de Baukörpers sind die Räume i Maß und Form, in Materi und Farbe höchst ästhetisch ge staltet. In absoluter Vollendun

t auch die Kunst des Hand-
erklichen präsent. Überrascht
ıd fasziniert ist man zugleich,
ie eine Sammlung von vielen
ıtiken Kostbarkeiten mit einer
st zwanglosen Selbstverständ-
:hkeit arrangiert ist. Helmut
'entrich zeigt mit diesem
'erk, wie höchste Wohnlich-
:it aussehen kann. Möge
asteel Buggenum seinem
ausherrn noch lange Freude
:reiten.

Schön ist es, zu wissen, daß Kasteel Groot Buggenum über den Tod seines Hausherrn hinaus erhalten bleiben wird. Denn vor nicht allzulanger Zeit verkaufte dieser den Gesamtbesitz mit Inventar zu einem symbolischen Preis von einem Gulden an die Provinz Limburg. Später einmal wird Buggenum für Räpräsentationszwecke des Landes einer neuen Bestimmung zugeführt werden.

7 *Diele.*
Links eine französische Konsole mit Barockspiegel. Die Treppe mit einem geschnitzten Eichengeländer entstand im 18. Jahrhundert. Bodenbeläge sind aus Blaustein und stammen ebenfalls aus dem Abbruch von Schloß Harff

Vestibule.
Left: a French console table and a baroque mirror. The staircase with the carved oak balustrade is an 18th-century work. Flagging is of blue stone and likewise comes from demolished Harff Castle

8 *Empfangsraum.*
Auch Ofenzimmer genannt nach einem weißen Keramikofen der Maria-Theresia-Zeit. Der Raum ist ferner mit Möbeln der Aachener und Lütticher Region (18. Jahrhundert) ausgestattet

Reception room.
Also called chimney room after a white ceramic stove of the Maria Theresi[a] period. The room is equipped with furniture of the Aix-la-Chapelle and Liège region (18th century)

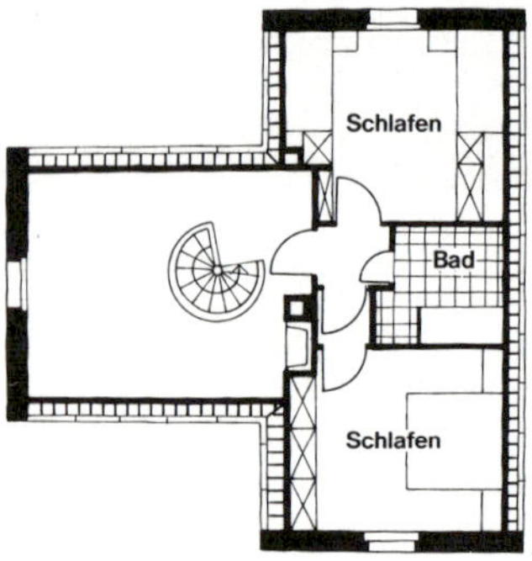

2. Obergeschoß
second upper floor

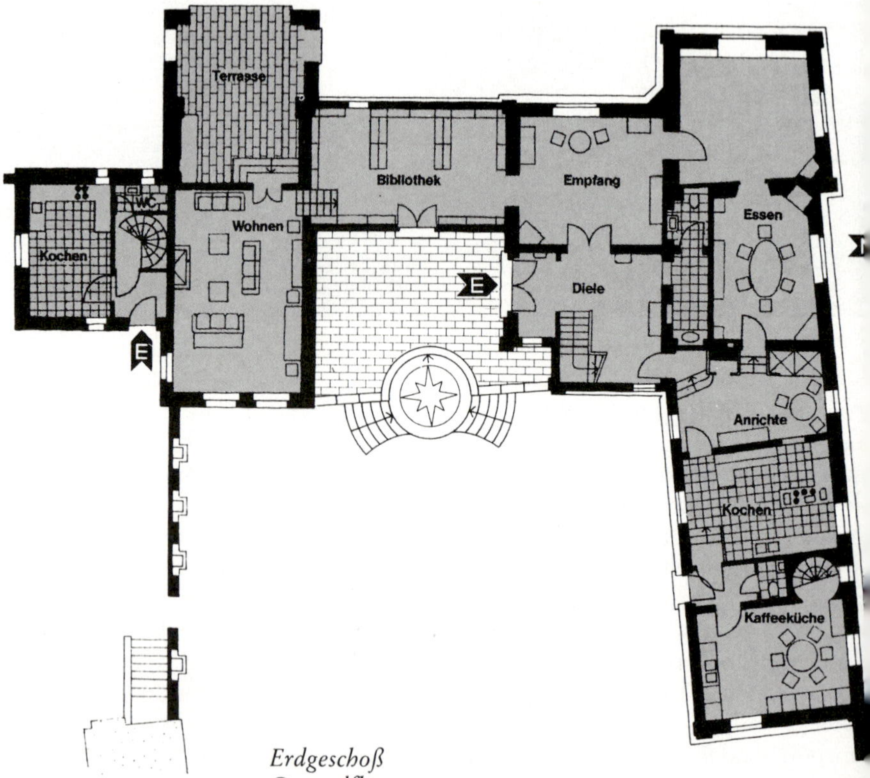

Erdgeschoß
Groundfloor

9 *Kaminzimmer im Seitenflügel. Fliesenboden 16. Jahrhundert. Sitzbänke und Tisch südfranzösische Bauernmöbel. Schrank niederrheinisch. Neu ist die Eichenholzdecke. Das große Bild hinter der Sitzgruppe ist naive haitianische Malerei von Blanchard*

Chimney room in the side wing. Tiled floor is 16th century. Benches and table are peasant furniture from Southern France. The cupboard is from the Lower Rhine region. The oakwood ceiling is new. The big picture behind the sitting-furniture is a naive Haitian painting by Blanchard

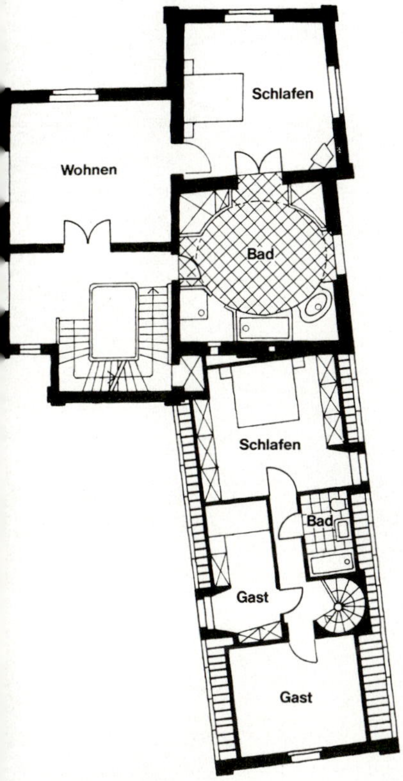

1. Obergeschoß
first upper floor

Kasteel Groot Buggenum

10/11/12

Eichengetäfelter Salon.
Die Boiserie ist französischer Herkunft. Die belgisch-französischen Sitzmöbel stammen aus der Zeit um 1750. Der französische Lüster ist aus dem vorigen Jahrhundert. Die Wandarme aus Eisen und Porzellan kommen aus dem Frankreich des 18. Jahrhunderts. Die beiden Messing-Tischlampen sind chinesischen Ursprungs und wurden als Lampen montiert. Aus der Zeit um 1860 stammen die Aubusson-Vorhänge

Oak pannelled salon.
Boiserie is French. The Belgian-French sitting-furniture dates from c. 1750; the French chandelier is of the last century. The wall brackets of iron and porcelain are 18th-century French. The two brass table lamps are of Chinese origin and have been mounted as lamps. The Aubusson curtains date from the time about 1860

10

11

12

Kasteel Groot Buggenum

13 *Eßzimmer.*
Der Raum ist in den unteren Bereichen und i Kamin mit Delfter Fliesen gekachelt. In die Fliesen sind Kachelbilder aus Delft und Friesl Ende des 18. Jahrhunderts eingelassen. Das M biliar stammt fast ausschließlich aus England. Der Eckschrank enthält eine Sammlung chine schen Porzellans, Compagnie des Indes, 18. Ja hundert

Dining-room.
Its lower parts are covered with Delft tiles as the chimney place. The tiles hold pictures from Delft and Frisia that date from the 18th centu The furniture is almost exclusively English. T corner cupboard contains a collection of chine porcelain, Compagnie des Indes; 18th century

14 *Zwei alte Eichentüren, aus französischen und belgischen Abbruchhäusern stammend, verbi den die Anrichte mit der Küche und dem Eßzi mer. Der Raum selbst ist mit portugiesischen Kacheln ausgestattet. Aus dem 17. Jahrhunde stammt die englische Eichenanrichte; alle and ren Möbel sind bäuerliches Mobiliar vom Nie derrhein, die seit ca. 200 Jahren unverändert hergestellt werden*

Two old oaken doors, coming from French an Belgian demolished houses, connect the dresse with the kitchen and the dining-room. The ro itself is decorated with Portuguese tiles; the English oakwood sideboard is 17th century. A other pieces are rural Lower Rhine furniture a produced unchanged since c. 200 years ago

5/16
)er Privatbereich des Hausherrn.
.inks Ankleide, Bad, rechts Schlafraum

The private zone of the owner.
Left: dressing, bath; right: bedroom

17 *Arbeitszimmer.*
Hauptsächlich eingerichtet mit englischem Mobiliar aus dem 18. Jahrhundert. An den Wänden Lithographien von Schinkel

Study.
Mainly equipped with English 18th-century furniture. Lithos by Schinkel decorate the walls

18 *Turmzimmer.*
Sehr interessant 24 Vogelkäfige, die in diesem Raum dominieren. Sie stammen aus der direkten Umgebung oder wurden auf Trödelmärkten erstanden. Die alte Kirchturmuhr von Grathem hat hier ihr neues Zuhause gefunden

19 *Ein behagliches Gästezimmer im Obergeschoß.*
Liebevoll arrangiert die Möbel aus verschiedenen Ländern und Zeiten. Die gotische Holzdecke stammt aus dem Besitz des Architekten Georg Joseph von Hauberrisser, dem Erbauer des Rathauses in München

18 *Tower room.*
Very interesting: 24 birds cages that dominate this room. They come from the immediate neighbourhood or have been purchased at rag-fairs. The old steeple clock of Grathem Church, too, has found a new home there

19 *A comfortable guest room on the upper floor. The furniture from different countries and periods is arranged with loving care. The Gothic wooden ceiling once belonged to the architect Georg Joseph von Hauberrisser, the builder of the Munich town-hall*

**asteel
Groot Buggenum**

20 *Freisitz.*
Im Sommer dient dieser halboffene Raum als Eßplatz. Der Boden ist mit alter flämischer Keramik belegt. Um den altholländischen Eichentisch stehen englische Bauernstühle aus dem 18. Jahrhundert. Von hier aus hat man einen wunderschönen Blick in die limburgische Wiesenlandschaft

Open-air sitting-area.
In summer, this half-open room serves as a dining-area. The floor is covered with old Flemish ceramic tiles, 18th century rural English chairs surround the old Dutch oak table. From here, one enjoys a lovely view of the Limburg meadow landscape

21 *Blick von außen auf den Freisitz*

View looking from outside upon the open-air sitting-area

Kasteel Groot Buggenu

22 *Auch die das Gebä de umgebenden W sergräben haben ir Form von Entschla mung eine Bereini gung erfahren. Da heute wieder klare Wasser, mit Seeros und einer Vielzahl von anderen Wass pflanzen, hat Fisch und Wasservögeln ne neue Heimat ge schaffen*

23 *Tür mit Blick auf Wassergarten*

24 *Ein Rosenstrauch gibt die auf einen g mauerten Pfeiler g stellte englische Bl vase, die der Ära Georgs des Zweite entstammt*

25 *Neben den Wasser gräben wurde zus lich noch ein separ Wassergarten gesc fen. Ständig sprud de Brunnen sowie Blütenmeer der W serpflanzen im Som mer faszinieren de Betrachter*

22 *The moats, too, surrounding the building, have exp rienced a cleansing renovation by bein drained of mud. T water, now clear again, with water-lilies and a great v riety of other wate plants has provide new home for fish waterfowl*

23 *Door with a view the water garden*

24 *A rosebush surrou the English lead v placed upon a mas ry pillar. The vase dates from the era George II*

25 *In addition to the moats a separate w ter garden has bee created. Constantl sprouting fountain and a wealth of bl soming aquatic pla in summertime fas nate the viewer*

24

25

Kasteel Groot Buggenum

26 *Der Pavillon. Die Nachbildung eines bei Schloß Linn in Krefeld bestehenden Bauwerkes*
The pavilion. The copy of an existant building standing near Linn Castle at Krefeld

27 *Blick in den Innenraum des Gartenpavillons mit einer typis*
limburgischen Kaminumrahmung
View looking into the interior of the garden pavilion with a typical Limburg mantel

28 *Aussicht vom Turm auf den Vorhof mit Eingangstor und Gartenpavillon. Kieselpflaster mit dekorativem Muster umrahmt einen flachen Springbrunnen*
View looking from the tower down upon the forecourt with entrance gate and garden pavilion. Pebble pavement in a decorative pattern frames a flat fountain

ROMAINMÔTIER

Das ehemalige Kluniazenserkloster Romainmôtier wurde bereits im Jahr 455, also noch in der Frühzeit der Christianisierung Europas gegründet, und uralt ist auch die Substanz des wuchtigen Bauwerks, das nach der Reformation als Verwaltungssitz und Amtsschloß diente. Als historisches Baudenkmal ist es daher von großer Bedeutung. Daß freilich durch private Initiative aus einer verfallenen Ruine ein Nationales Schweizer Baudenkmal wird, ist sicher auch in der für den Gemeinsinn ihrer Bürger berühmten Eidgenossenschaft nicht alltäglich.

Seite 83 bis 88

as Priorshaus von

Romainmôtier

ı Kanton Waadt/Vaud, Schweiz

ans Erpf, Bern und München. Fotos: Albert Winkler, Bern

'or uns lag das reine Mittel-er, in ein Tal gebettet, vergessen ɴ der Welt, übersehen von der it.« So erinnert sich die be-bte Schweizer Schriftstellerin ıtharina von Arx in ihrem neue-n Buch »Mein Luftschloß auf den« (Scherz Verlag, Bern und München, 1975) an ihre erste Begegnung mit dem total verwahrlosten »Château«, das sie 1960 erwarb und zu dem machte, was es heute ist: ein »Nationales Baudenkmal« und ein selten reizvolles Kleinod in der schweizerischen Schlösserlandschaft.

1 Blick auf das mittelalterliche Städtchen Romainmôtier im Kanton Waadt (Vaud). Links das »Maison du Prieur« (Priorshaus), rechts Teile der romanischen Kirche (Gründung um 450), die nach der Reformation protestantisch geblieben ist

2 »Salle des Chevaliers« (Erdgeschoß, 15. Jahrhundert). Der wuchtige Raum kommt durch seine schlichte Möblierung voll zur Geltung

1 View looking upon the small medieval town of Romainmôtier in the canton of Vaud. Left: "Maison du Prieur" (Prior's House); right: Parts of the Romanesque church (founded c. 450) which has remained Protestant after the Reformation

2 "Salle des Chevaliers" (ground-floor, 15th century). The impressive weightiness of this room affects us fully due to its simple furnishing

1

Romainmôtier liegt eine halbe Autostunde von Lausanne entfernt in einem weltvergessenen Juratal im Kanton Waadt (Vaud), das man über Bern, Payerne, Yverdon, Orbe und Croy erreicht, als ehemaliger Rastpunkt an einer der großen antiken Weg-

2

kreuzungen von Norden nach Süden, von Osten nach Westen. 453 gründete St. Romanus an der Quelle im jetzigen Schloßgarten seine klösterliche Gemeinschaft, eine der ersten christlichen Niederlassungen innerhalb der heutigen Schweiz. Trotz immer wieder einfallender Alemannenhorden wuchs Romainmôtier zu einem einflußreichen Kloster mit großer kultureller Ausstrahlung ins Burgund und nach Savoyen. 753 besuchte Papst Etienne II. das Kloster, und fünfhundert Jahre später diente das Palais mit seinen frühgotischen Prunkfenstern, seinem schützenden Wall und den drohenden Schießscharten dem würdigen Empfang hoher Gäste. In den folgenden Jahrhunderten erhielt es einen südlichen Anbau über den Fluß Le Nozon und eine Kapelle auf der Nordseite. Um 1450 baute Prior Jean de Juys die mächtige Mittelsäule, auf der zwei Balkendekken von je 200 Quadratmeter ruhen. Mit der Reformation und dem Einzug der Berner erhielt das Haus Amtssitz und die Bezeichnung »Schloß«. Nach der Befreiung des Waadtlandes wurde das Schloß zum ungeliebten Klotz und als Heu- und Holzschuppen mißbraucht. Die Türme wurden abgebrochen, und nur die ornamentalen Fresken retteten das Schloß davor, als Steinbruch zu dienen.

1960 war das entscheidende Jahr für das ehemalige Kluniazenserkloster und trutzige Berner Amtsschloß. Die vielgereiste Katharina von Arx suchte für sich, ihren Mann und die Tochter ein neues Zuhause. In mühevoller und entbehrungsreicher Arbeit wurde nun aus dem großen Steinhaufen das, was sich dem staunenden Besucher heute zeigt. Die meisten Gelder – es dürfte heute eine runde Million Schweizer Franken sein – wurden für die vordringlichsten Renovierungen benötigt. Die Räumlichkeiten sind schlicht und zurückhaltend eingerichtet. Viele Stücke stammen aus dem Alpbachtal (17./18. Jahrhundert), wo Katharina von Arx längere Zeit gelebt hatte. Im Erdgeschoß liegt ein Café im Biedermeierstil, in den Kellergewölben, die in früheren Jahrhunderten vielleicht sogar den Eingang gebildet hatten, wurde eine Galerie eingerichtet. Das Schicksal des Hauses wurde durch die Gründung einer Stiftung zum Guten gewendet.

Das Priorshaus von Romainmôtier

3 *»Salle du Prieur« (1. Stock, 14. Jahrhundert). Hier arbeitet und lebt die Hausherrin*

4 *»Salle bernoise« (Erdgeschoß, 1605). Die ornamentalen Fresken verhinderten seinerzeit, daß das Schloß zum Steinbruch wurde. Der kostbare Wandteppich (17. Jahrhundert) stammt aus den königlichen Manufakturen von Aubusson*

3 *"Salle du Prieur" (1st floor; 14th century). This is where the lady-of-the-house lives and works*

4 *"Salle bernoise" (groundfloor; 1605). The ornamental frescoes have at one time saved the castle from becoming a quarry. The precious tapestry (17th century) is a product of the royal manufactory at Aubusson*

Das Priorshaus von Romainmôtier

5

5 *Innenhof und Eingang zum Priorshaus. Rechts im Bild ehemalige Wirtschaftsräume, die in einer späteren Renovierungsphase ebenfalls wieder ihrer ursprünglichen Bestimmung übergeben werden sollen*

6 *»Grande salle du Chapître« (Kapitelsaal, 13.–15. Jahrhundert). Hier feierten Margarethe von Österreich-Burgund, die Tochter Kaiser Maximilians, und Philibert der Schöne von Savoyen am 2. Dezember 1501 Hochzeit. Darüber liegt im 2. Stock und unmittelbar unter dem Dach der »Salle de la défense«. Heute werden die Säle für Bankette und Feste zur Verfügung gestellt, die an die großen Zeiten erinnern, die aber vor allem mithelfen, die kostspieligen Renovierungen zu tragen*

5 *Inner court and entrance to the Maison du Prieur. To the right are the former kitchen and offices which in a later renovation phase shall be restored to their original destination*

6 *"Grande salle du Chapître" (chapter-hall; 13th–15th century). This is where Margaret of Austria-Burgundy, daughter of Emperor Maximilian, and Philibert the Fair of Savoy celebrated their wedding on December 2nd, 1501. Above the chapter-hall on the second floor and next to the roof there lies the "Salle de la défense". To-day, the halls and rooms are being placed at the disposal of groups for banquets and festivities reminding the guests of past splendour. This shall help above all to finance the costly renovation work*

MAISON PARTICULIÈRE

Einst diente es einem französischen Edelmann als standesgemäßes Domizil für seine Geliebte, und nach ausgiebiger Renovierung läßt es Glanz und Pracht des Ançien Régime wiederum erkennen: das Maison particulière in der Pariser Avenue Kleber.

Seite 89 bis 94

1 *Ein Teil des großen Salons ist durch schmiedeeiserne Gitter aus dem 18. und 19. Jahrhundert als Arbeitsraum des Hausherrn abgetrennt*

Part of the big "salon" is subdivided by 18th- and 19th-century wrought-iron grilles so as to provide a master's study

MAISON PARTICULIÈRE

in der Avenue Kleber

Fotos: Eclipse

Im derzeitigen Showbusineß gilt Felix Marouani als einer der größten Manager in Frankreich. Er betreut alles, was im Chanson und auf der Bühne Rang und Namen hat. Längst bekannte Berühmtheiten wie Tino Rossi oder jüngere wie Gilbert Bécaud geben sich ebenso wie die von Marouani neu entdeckten Stars bei ihm ein Stelldichein. Gerade bei diesen Privatempfängen werden die für ihre Zukunft so wichtigen Kontakte für die Künstler hergestellt und bestätigt.

Nachdem die drei Söhne der Marouanis, auch sie sind alle im Showbusineß als Fotograf, Sänger bzw. Fernsehkameramann tätig, nach ihrer Hochzeit zur gleichen Zeit das Haus verlassen hatten, suchten die Eltern, die bis dahin in einem großen Landhaus in Malmaison gelebt hatten, ein Haus in Paris. Aufgrund einer Annonce im »Figaro« wurden sie auf diese »maison particulière« in der Avenue Kleber aufmerksam. Schon nach der ersten Besichtigung entschloß man sich

Maison particulière in der Avenue Kleber

2 *Aus einem Schloß in der Vendé kommen der Kronleuchter und der Gobelin in der Sitzecke mit Louis-Seize-Stühlen*
3 *Blick auf die Fenstergalerie mit historisierenden Medaillons des in Abb. 4 gezeigten Raumes*
4 *Im Hintergrund ein spätgotischer Kamin; das Wappen verrät, daß er aus einem Schloß Heinrichs II. stammt. Als Wandverkleidung dient eine ebenfalls gotische Wandtäfelung. Die Kapitäle der Marmorsäulen kommen aus Siena. Auf dem modernen Tisch von Giacometti steht sehr wirkungsvoll eine chinesische Reiterplastik der T'ang-Dynastie (618–906 n. Chr.)*

2 *Both the chandelier and the tapestry in the sitting-nook with the Louis XVI chairs have come from a palace in Vendée*
3 *View looking upon the window gallery with the historiated medallions of the room shown in fig. 4*
4 *The background shows a Late Gothic fireplace; the coat-of-arms indicates that, originally, it stood in a palace belonging to Henry II. The wainscotting likewise is of Gothic origin. The capitals of the marble columns have come from Sienna. A Chinese equestrian statue of the T'ang dynasty stands on a modern table designed by Giacometti*

zum Ankauf, obwohl das Haus in einem sehr desolaten Zustand war, da es seit fast hundert Jahren nicht mehr bewohnt wurde. Es mußte von oben bis unten renoviert werden, Berge von Schmutz und Staub waren zu entfernen. Bei der Renovierung der Decken und Wände kam eine Holztäfelung aus dem 18. Jahrhundert zum Vorschein; der Mosaikboden wurde ergänzt und wiederhergestellt. Seinerzeit war dieses Haus, das übrigens über eine ausgezeichnete Akustik verfügt, von einem Edelmann für eine seiner Geliebten gekauft worden, die zu ihrer Zeit als Kokotte einen ganz außerordentlichen Ruhm genoß.

Maison particulière in der Avenue Kleber

5 *An den seitlich gelegenen Räumen mit der Fenstergalerie ist auch das Eßzimmer untergebracht. Die hohe, umlaufende Holztäfelung, wie sie hier im Hintergrund zu sehen ist, verleiht dem sonst eher kalten Raum Wärme und Behaglichkeit*

One of the rooms with the window gallery situated at the sides serves as dining room. The high wainscotting which is to be seen in the background renders warmth and comfortableness to this room which would otherwise look rather cool

INGENIEURBÜRO MIT STADTWOHNUNG

Einfallsreichtum und Phantasie machen aus einer Dutzendkonstruktion aus den dreißiger Jahren eine pfiffige Behausung, die allen modernen Anforderungen an Arbeits- und Wohnräume genügt.

Seite 95 bis 100

ıf einem 650 Quadratmeter
ıfassenden Grundstück in
inchen-Harlaching, einer be-
zugten Wohngegend im süd-
ıen Stadtbereich, stand ein gut-
ıaltenes Zweifamilienhaus aus
m Jahre 1932, das durch Besit-
wechsel neuer Nutzung zuge-
ırt werden sollte. Das alte An-
sen war voll unterkellert und
ıfaßte Erdgeschoß, Oberge-
oß sowie teilweise ausgebau-
Dachgeschoß. Durch Um- und
sbau sollte unter weitestge-
nder Wahrung der vorhande-
n Substanz und größtmögli-
ɛr Ausnutzung des geltenden
urechts eine Möglichkeit ge-
ıden werden, die Arbeitsräu-
eines Ingenieurbüros für
ustatik unterzubringen, dem
haber des Büros eine zwar
ine, aber dennoch komfortable
dtwohnung zu bieten und
ch eine spätere Nutzungsände-
ng – beispielsweise den Ein-
u eines Ladens an der Straßen-
te – von Anfang an in die Ge-
ntkonzeption mit einzubezie-
n.
e Eingangs- bzw. Straßenseite
rd durch tief in das Mauer-
rk eingeschnittene Fenster
d – im Kontrast dazu – durch
herausragenden Erker sowie
n überdachten Eingang ge-
igt. Auf die herkömmliche Ab-
nnung mittels eines Zaunes
ırde verzichtet; eine durchge-
nde Stufe sowie ein Pflanzen-
et entlang der Zaunlinie über-
hmen diese Funktion.
ıf der dem Eingang gegen-
erliegenden Gartenseite erfuhr
s Althaus seine Erweiterung.
ıhlstützen ermöglichten hier
e nach Süden aufgelöste Fas-
le. Durch Holzkonstruktionen,
ufstege, Rohre für die Befesti-
ng des Sonnenschutzes und
n herausgezogenen Erker wird
e Gliederung und Verbindung
m Altbau geschaffen. Am Fuß
s Pultdaches befindet sich ein
gsumlaufendes Fensterband,
s die Dachgeschoßzone, in der
Wohnung eingerichtet wurde,
t Streiflicht versorgt.
ährend das äußere Erschei-
ngsbild bewußt auf Farbe ver-
htet, vielmehr seine Wirkung
f Gliederung und Betonung
r Materialien abstellt, wurde
r Farbgestaltung des Innenbe-
ches große Bedeutung beige-

1 *Hauseingangsseite mit überdachtem Eingang*

Entrance side with roofed-over entrance

2 *Gartenseite mit erkerförmiger Auskragung*

Garden front with bay-shaped projection

3 *Die Garage wurde in Proportion und Farbgebung harmonisch angegliedert*

The garage has been harmoniously joined as to proportion and colour

An- und Umbau eines Zweifamilienhauses:

Ingenieurbüro mit Stadtwohnung

Fotos: Günter von Voithenberg

2

3

messen. Der englische Künstler Larry Wakefield, der den Computerraum im Erdgeschoß mit einer trefflichen Wandmalerei versah und somit die Technik des Raumes gleichermaßen auflokkerte wie unterstrich, übernahm die Gesamtfarbgebung des Hauses. Eingangsbereich sowie Treppenhaus leuchten in einem warmen Rot, während der Blick von der Gegenseite – der Gartenseite – her auf ein helles Grün fällt, gewissermaßen die Farbe des Gartens in das Haus hineintragend.

Der als großer freier Raum beibehaltene Dachraum gliedert sich in einen Wohnbereich mit großzügiger Sitzecke, Küchenbereich mit kleiner Eßbar und Wohnbad. Im Süden schließt sich – direkt auf das Lichtband aufgesetzt und mit zusätzlichem Oberlicht versehen – ein kleines Kinderzimmer an. Eine Treppe gewährt Zugang zur in den Dachbereich eingehängten Schlafebene. Die Belichtung des Dachraumes wird von einer großen Lichtkuppel übernommen, die, unmittelbar über der Schlafinsel angeordnet, ausreichend ist für den Wohnbereich, die Küche und das Wohnbad, wobei der umlaufende Fensterkranz noch zusätzlich Gegenlicht bringt.

In der als Stadtwohnung dienenden Dachebene wurde auf die farbliche Gestaltung ebenfalls großer Wert gelegt. Das sanfte Grün korrespondiert hier sowohl mit dem dezenten Weinrot im Küchenbereich wie auch dem lebhaften Dessin der Sitzgruppe.

Ingenieurbüro mit Stadtwohnung

4 *Computerraum mit künstlerisch gestalteter Wand*

Computer room with artistically treated wall

5 *Blick vom Treppenhaus zum gartenseitig im Obergeschoß auskragenden Erker (Glastisch und Hocker werden von den Mitarbeitern des Ingenieurbüros zur Kaffeepause genutzt)*

View looking from staircase well to upper storey bay projecting on garden front (glass table and stools are being used by the engineering-office team during coffee breaks)

6 *Die Großzügigkeit und betonte Farbgebung des Eingangsbereiches erstreckt sich über das gesamte Treppenhaus bis hinauf zur Dachwohnung*

The bold outline and pronounced colour treatment of the entrance area continues over the entire staircase well up to the attic flat

7 *Sitzecke im Wohnbereich. Links Zugang zum Kinderzimmer*

Sitting-nook in the living-area. Left is access to children's room

8

9

8 *Wohnbad im Dachbereich*
Comfortable bath in attic area

9 *Die einer Insel gleich in den Dachbereich eingehängte Schlafebene*
The sleeping-level hung like an island in the attic-zone

10 *Eine kleine Eßbar trennt Küche und Wohnbereich*
A small dining-counter separates kitchen from living-area

ZWEI JAPANISCHE WOHNHÄUSER

Westlichen Wohnstil und -komfort mit traditionellen japanischen Elementen verbinden diese Einfamilienhäuser. Damit spiegeln sie das Selbstverständnis der gehobenen Mittelschicht des Inselreiches.

Seite 101 bis 106

Zwei japanische Wohnhäuser

Architektin: Yasuko Mizuno

Von Irmtraud Schaarschmidt-Richter, Oberursel

Fotos: Shogo Sato, Tokyo

Unsere Vorstellungen von der japanischen Architektur beziehen sich meist auf Tempel und Schreine, doch von der Wohnarchitektur sind sie noch sehr gering. Wohl ist die kaiserliche Katsura-Villa, die Bruno Taut und Walther Gropius so begeisterten, in der Architekturgeschichte ein Begriff. Die klar gegliederten Flächen, der Rhythmus von Vertikalen und Horizontalen dieses Baus von 1615 haben die moderne Architektur des Westens stark beeinflußt. Man kennt auch die Namen einiger berühmter Architekten der Gegenwart wie Kenzo Tange, Kazuo Shinohara. Doch über die allgemeineren Wohnbauten kursiert eher das böse Wort von den »Kaninchenställen«. Dabei gibt es eine Reihe von Architekten, die sich intensiv gerade mit den Problemen dieses Wohnbaus beschäftigen, die den modernen Erfordernissen gerecht zu werden und doch das Wesentliche japanischer Raumkonzeptionen, wie sie sich in der Katsura ausdrücken, zu erhalten suchen. Zu ihnen gehört auch die Architektin Yasuko Mizuno. Sie hat in Tokyo ihr Büro und baut meistens Einfamilienhäuser für mittlere Angestellte. Es sind also keine Luxusbehausungen, sondern Häuser, die jenen Beschränkungen unterliegen, wie sie ein Durchschnittsbauherr überall auf sich nehmen muß. In Japan aber

1 *Straßenfront*
Streetfront

2 *Blick auf die Gartenseite. Links Fenster und Schiebetür des nach westlichem Vorbild eingerichteten Wohnraums, rechts der japanische Trakt*
View looking upon garden front. Left: windows and sliding-door of living-room furnished after western models; right: the Japanese wing

3

4

3 *Blick aus dem »tatami«-Zimmer mit zurückgeschobener Schiebetür in einen westlich-japanischen Rau*
View looking from tatami room with opened sliding-door into a western-Japanese room

4 *Küchenbereich hinter dem Eßplat im Wohnraum, nur durch Schrank wand von diesem getrennt*
Kitchen area behind dining-space in living-room, separated from it by a wall-to-wall cupboard only

gesellen sich noch andere Aspekte hinzu. Auch hier haben sich, wie in allen Industriegesellschaften, die Lebensgewohnheiten geändert, doch blieb trotzdem vieles aus der Vergangenheit, viel Japanisches, im Praktischen wie im Denken und Empfinden, erhalten, dem der Wohnbau Rechnung tragen muß. Dazu kommt ein feuchtes Klima. Alle diese Bedingungen prägen auch die Bauten von Yasuko Mizuno, und sie zeigen, daß die japanische Raumkonzeption auch den modernen Verhältnissen in Japan immer noch am besten gerecht wird. Die traditionellen Mittel und Materialien sind dabei nicht das Entscheidende, aber sie bieten sich natürlich an. Zunächst fallen die klaren Linien einer vom Rechteck bestimmten Struktur auf, die schon den Außenbau beider hier vorgestellter Häuser kennzeichnen, außerdem eine deutliche Abschließung nach außen. Die Fassade spielt keine Rolle. Schon seit je ist das japanische Wohnhaus in der Regel nach innen gerichtet und öffnet sich zum Garten. Gegen die Straße schirmt man sich oft mit einer Mauer von der Höhe des Untergeschosses ab. Der verbleibende Raum wird dicht mit immergrünen Bäumen und Büschen besetzt, das absorbiert den Straßenlärm und verbessert die Luft. Zu den wenigen Bauv schriften, die in Japan binde sind, gehört die Auflage, ein gewissen Prozentsatz des Grun stücks für Grünpflanzungen reservieren. Die klaren Lini des Außenbaus setzen sich im I neren und in einem stets einf chen Grundriß fort, und dan gelingt es Frau Mizuno ihr Pr blem, auf beengtem Raum e Gefühl von Weite und gute Lu zirkulation zu schaffen, zu löse Als die beste Möglichkeit e scheint das klassische Zimm mit »tatami«-Matten, den 5 c dicken, mit Binsengeflecht abg deckten Bodenmatten aus Re stroh, ca. 90 : 180 cm. An d Seiten eingefaßt mit dunkle Stoff, ergeben sie ein Raster, d sowohl als Modulor wirkt, wie auch den Raum perspektivis vergrößert. Zumal dieser Rau nach alter Tradition nicht m Möbeln zugestellt wird. Die w nigen, ständig veränderbare wie Tisch und Polster, sind e trem niedrig, und auch dadur vermittelt der Raum ein Gefü von Weite. Frau Mizuno gesta tet im Untergeschoß ihrer Hä ser gern ein Drittel der Grun fläche als »tatami«-Zimmer, äh lich wie das im Haus Ichiha

6

ohnraum
ving-room

hlaf-Wohnraum mit Durchgang
m Bad
d-sitting-room, with passage
bathroom

atami«-Zimmer, rechts die
hmucknische, anschließend ein
andschrank
tami room; the ornamental
cess is on the right, next to a
pboard

(Abb. 1–7), das mit Schmucknische und Wandschrank ganz traditionell ausgestattet ist. Die verkleidete Klima-Anlage gibt der Geometrie dieses Raumes einen weiteren Akzent. Glasgefüllte und papierbespannte Schiebetüren öffnen ihn zum bezeichnenderweise ein wenig ansteigenden Garten. Diese Türen sind nach oben mit sich an den Wänden fortsetzenden Querhölzern – normalerweise in 2/3-, hier in 3/4-Höhe – eingefaßt. Dadurch wird die Horizontale betont, was wiederum den Raumeindruck erweitert. Die Grundform des »tatami«-Zimmers versucht Frau Mizuno nun erfolgreich auch in die moderne Raumgestaltung zu übertragen. Den Wohnraum des Hauses Ichihara »erweitert« sie durch extrem niedrig gehaltene Möblierung und durch offene, eingestellte, z. T. nicht bis zur Decke hochgezogene Wände, so wie man einst Wandschirme benutzte. Sie ermöglichen abgeschlossene Intimität und Kommunikation zugleich. Dadurch wird auch der Bereich der Hausfrau, da die Küche nicht vom allgemeinen Wohnen abgetrennt ist, miteinbezogen. Wie überhaupt Yasuko Mizuno der Dame des Hauses besondere Beachtung

7

8

9

Zwei japanische Wohnhäuser

schenkt. Sie möchte nicht nur dem Herrn einen privaten Bereich, ein »shosai« (oder Schreibplatz) verschaffen, sondern auch ihr. Denn die Japanerin hat zahlreiche individuelle Interessen, die sie auch pflegt, und so ist solch ein Platz für sie von besonderer Bedeutung. In beiden Häusern wurde er unter dem Fenster im Wohn-Schlaf-Raum angebracht. Offenheit und dadurch Weite ist auch das Prinzip des Hauses Nakano (Abb. 8–11). Das Untergeschoß bildet einen einzigen Raum, in den die Küche als offenes, quergestelltes Element eingefügt wurde. Die Bank unter dem Fenster ist beweglich und vielfach verwendbar. So bleibt viel Freiraum. Die Flexibilität durch bewegliche Elemente sieht die Architektin als sehr wesentlich an. Dafür entwickelte sie eine neue Art von Wandschirm: nach der alten Technik der papierbespannten Rahmen, nun aber als Dreieck- und Trapezformen, die den einzelnen abschirmen und doch die Kommunikation nicht verhindern. In jedem Fall verwendet sie das alte japanische Prinzip des offenen, aber unterteilbaren Raums, das sie mit modernen Mitteln nutzbar macht.

8 *Garten- und Straßenfront*
Garden and street fronts

9 *Elternschlafzimmer mit Arbeitsplatz für die Dame des Hauses*
Parents' bedroom, with working-area of the lady-of-the-house

10 *Kinderzimmer*
Children's room

11 *Wohnraum mit Bank und thekenartigem Eßplatz an der Küche*
Living-room, with bench and counter-like dining-space in kitch

EIN ENERGIESPARHAUS

Fünf Jahre wohnen und arbeiten in einem gewöhnlichen Gewächshaus schufen den Erfahrungsschatz, der es einem Tübinger Architektenteam erlaubte, ein Energiesparhaus zu entwickeln, das mit einem Bruchteil des üblichen Energiebedarfs auskommt, und bei dem die Bepflanzung ein entscheidendes Element der Erhaltung des Raumklimas ist.

Seite 107 bis 116

1 Westansicht des nach dem Prinzip der »grünen Solararchitektur« entwickelten Hauses. Im Vordergrund der massive Gebäudeteil mit dem Hauseingang; rechts das angegliederte Gewächshaus

2 Das Gewächshaus am Stadtrand von Tübingen, in dem die Grundlagen grüner Solararchitektur entwickelt und erarbeitet wurden

1 West view of house developed after principle of "green solar architecture". Foreground: the compact building part with house entrance. Adjoining greenhouse is to right

2 The greenhouse on the outskirts of Tübingen where the principles for the green solar architecture have been developed and worked out

Ein Energiesparhaus und sein Prototyp

Fünf Jahre Wohnen und Bürobetrieb zusammen mit immergrünen subtropischen Pflanzen in einem normalen Gewächshaus haben die Möglichkeit einer neuen Art von Symbiose mit Pflanzen demonstriert. Wissenschaftler und Praktiker verschiedener Disziplinen wie Architekten, Gärtner, Biologen, Psychologen, Arbeits- und Sozialmediziner, die in der Gruppe »LOG ID« zusammenarbeiten, fanden in ihrem Experiment eine Alternativlösung zu den bisherigen technischen Vorschlägen für Energieeinsparungen. Auf dem Umweg der Symbiose mit Pflanzen lassen sich auf »passive« Weise durch die Glasdächer erhebliche Energievorteile erzielen, die unter Einsatz einer minimalen Technologie genutzt werden können. Dieser Energiezuwachs reduziert die notwendige Zusatzheizung auf ein überraschendes Minimum.

Das Team »LOG ID«:

Dieter Schempp, Innenarchitekt, Tübingen
Thomas Seidel, Architekt, Tübingen
Prof. Dr. Martin Krampen, Kommunikationspsychologe, Berlin
Jürgen Frantz, Obergartenmeister, Tübingen
Dr. Dietmar Wolter, Mediziner, Hamburg
Marlis Ohlbrock, Innenarchitektin, Tübingen

Ein Energiesparhaus und sein Prototyp

3 *Eingangsbereich im Gewächshaus*
4 *Arbeitsplatz der Innenarchitektin. Die Sonnensegel bieten in der warmen Jahreszeit einen wirksamen Schutz*

3 *Entrance zone at greenhouse*
4 *Working-area of interior decorator. Sun sails offer effective protection during hot season*

Durch die in den letzten Jahren entstandene Energienot müssen im Wohnungsbau neue Lösungen gefunden werden. Der Wohnungsbau steht nach wie vor an erster Stelle der Primärenergieverschwendung. Zur Lösung des Energieproblems ist es erforderlich, verschiedene Techniken zu nutzen, da eine Technik allein das Energieproblem nicht lösen kann. Hinzu kommt der Wunsch des Menschen nach einer humaneren Architektur, einer natürlichen und gesunden Wohnweise sowie Verwendung natürlicher Materialien. Die Bauweise muß außerdem preisgünstig sein.

Wichtig ist, den Menschen als Mittelpunkt in der von ihm gebauten Umwelt zu sehen und nicht lediglich eine Technik gegen eine neue, z. B. die Solartechnik, auszutauschen. Um für diese Problemstellung eine Lösung zu finden, ist in Tübingen ein experimentelles Gewächshaus eingerichtet worden, in dem geprüft wurde, inwieweit die Sonne eine nennenswerte Energiequelle für Heizung sein kann, wie die Innenräume angeordnet werden müssen, ob und welche Pflanzen sinnvolle und notwendige Bereicherung im Raum sein können. Untersucht wurde weiter die Auswirkung dieser Räume auf die Bewohner oder den darin arbeitenden Menschen in bezug auf die physische und psychische Gesundheit. Temperaturen, Feuchtigkeit, Lichtintensität, Sauerstoffgehalt sowie Kohlendioxydgehalt im Raum wurden Messungen unterzogen. Erfahrungen über Langzeitauswirkungen der Pflanzen auf den Menschen, die Lebensfähigkeit der Pflanzen selbst in solchen Räumen, die Beständigkeit von Materialien, den täglichen Pflegeaufwand, den Wasserverbrauch, den Aufbau einer Tierwelt in diesem Raum und deren Auswirkung auf den Bewohner wurden gesammelt.

Die in diesem Versuchsgewächshaus in vier Jahren zusammengetragenen Erkenntnisse führten zu einer Architekturlösung, der »grünen Solararchitektur«, die davon ausgeht, daß ein mit Wärmespeicherwänden ummauerter, flächenmäßig gegenüber dem konventionellen Wohnhaus etwas reduzierter Wohnkern mit einem bepflanzten Gewächshaus gekoppelt wird, das etwa fünf Sechstel des Jahres in unseren Breiten bewohnbar ist und als »Kollektor« überschüssige Wärme erzeugt. Vom Bundesministerium für Forschung und Technologie geprüfte Berechnungen haben ergeben, daß für das restliche Sechstel des Jahres eine zusätzliche Beheizung erforderlich ist, welche das Gewächshaus auf Temperaturen bei 5° über dem Gefrierpunkt und den ummauerten Wohnkern auf normaler Zimmertemperatur hält. Diese Beheizung kommt somit mit einem wesentlich reduzierten Energiebedarf aus.

Die Belüftung des Wohnkerns aus dem sauerstoffreichen Gewächshaus gestattet neben der Zufuhr besonders reiner Luft auch eine Abschottung gegen die kalte Außenluft.

Die Grundrißgestaltung des Energiesparhauses berücksichtigt die Energiekonzeption. Küche, Eßplatz und Wohnraum können zusätzlich mit einem Kachelofen beheizt werden. Wird eine zweigeschossige Bauweise gewählt, liegt der Schlafbereich und das Bad über diesen Räumen und kann so von dieser Heizquelle mitversorgt werden. Der Wohn- und Eßbereich ist dem Gewächshaus zugeordnet. Eingang, Naßzellen und Schlafbereich werden bei einstöckiger Bauweise als kühlere Pufferzone nach Norden und Osten orientiert. Abbildungen 11–14 sowie die Pläne und der Schnitt zeigen ein massives Wohnhaus,

5 *Washingtonia filifera (Mönchspalme). Gut für sonnige, auch trockene Standorte geeignet. Niedrige Luftfeuchtigkeit und Minimaltemperaturen bis +5° C werden gut ertragen*

Washingtonia filifera (Washington Palm). Well suited for sunny and even dry locations. Low air humidity and minimum temperatures down to +5° C are well borne

6 *Jacaranda mimoseafolia (Palisander) und Tillandsia usneoides (Spanisch Moos). Der äußerst dekorative und leichtwüchsige Palisander des tropischen Südamerika ist leider nur sommergrün*

Jacaranda mimoseafolia (rosewood) and Tillandsia usneoides (Spanish Moss). The very decorative and easy-growing rosewood of tropical South America unfortunately is green in summer only

9 *Zeichentisch unter schattenspendendem Sonnensegel*
Drafting-table under shade-providing sun sails

Grundriß des Versuchsgewächshauses mit Bepflanzungsmuster

Raumaufteilung

- **A** *Eingang*
- **B** *Empfang*
- **C** *Heizung*
- **D** *Büro*
- **E** *Schreibmaschinenplatz*
- **F** *Wohnen*
- **G** *Küche*
- **H** *Waschen*
- **I** *Baden*
- **K** *Eßplatz*
- **L** *Sitzplatz*
- **M** *Sitzplatz*
- **N** *Pflanzenversuche*
- **O** *Geräte*
- **P** *Abstellraum*
- **Q** *Regenwasserbehälter*

I. Pflanzengruppe

- **1** *Nerium oleander*
- **2** *Washingtonia filifera*
- **3** *Canna indica*
- **4** *Jasminum azoricum*
- **5** *Cestrum purpureum*
- **6** *Cobaea scandens*
- **7** *Cistus villosis*
- **8** *Pelargonium radula*
- **9** *Laurus nobilis*
- **10** *Datura aurea*
- **11** *Cupressus semperv var. horizontalis*
- **12** *Echium candicans*
- **13** *Eucalyptus globulu*
- **14** *Plumbago capensis*
- **15** *Acacia cyclops*
- **15/1** *Cyphomandra b*
- **16** *Datura aurea*
- **17** *Cestrum spec.*

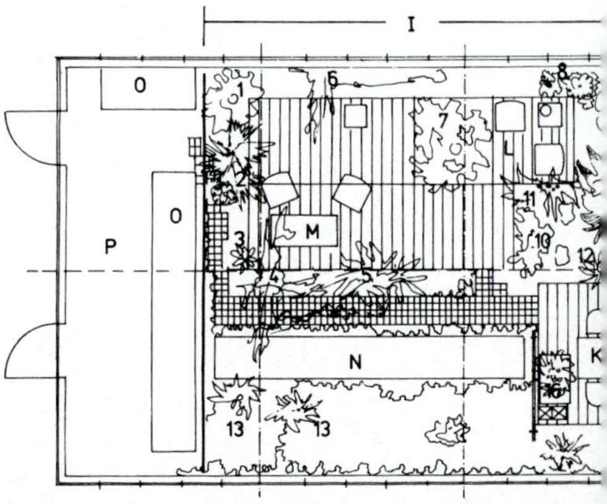

tura aurea (Nachtschattengewächse). Unter den Stechäpfeln sind die
amerikanischen, strauch-baumförmigen großblättrigen Engelstrompe-
die interessantesten. Die Trichterblüten sind betörende Nachtdufter

tura aurea (Solanaceae – Night-shade-family). Among the thornapples,
South-American shrub-tree-shaped angel trumpets are the most inter-
ing. The giant flowers are of dazzling fragrance at night

8 *Cyphomandra betacea (Nachtschattengewächse). Die Baumtomate ist eine raschwachsende kräftige, im Alter etwas verholzende Pflanze*

Cyphomandra betacea (Night-shade-family). The tree tomato is a quickly growing and sturdy plant tending to lignify somewhat with age

flanzengruppe
Jacaranda mimoseafolia
Solanum marginatum
Bougainvillea glabra
Iris germanica
Actinidia sinensis
Datura aurea
Sparmannia africana
Eriobatrya japonica
Leonotis leonurus
Citrus (Orange)

11 *Carex spec.*
12 *Cyperus alternifolius*
13 *Carex spec.*
18 *Punica granatum*
19 *Ensete ventricosa (musa)*
20 *Abutilon hybr.*

III. Pflanzengruppe
1 *Ficus carica*
2 *Persea americana*
3 *Dracaena indivisa*
4 *Abutilon hybr.*
5 *Washingtonia filifera*
6 *Cyperus alternifolius*
7 *Muehlenbeckia complexa*
8 *Pelargonium radula*
9 *Pelargonium zonala hybr.*
10 *Asplenium nidus*
11 *Citrus (Mandarine)*
12 *Ensete ventricosa*
13 *Passiflora caerulea*

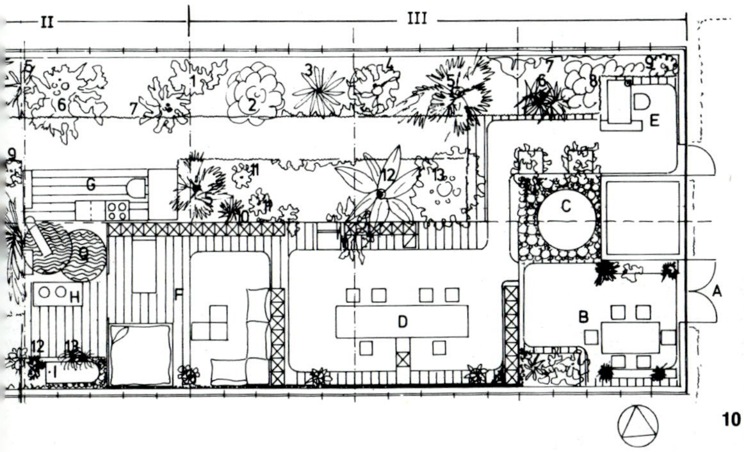

10 *Der private Bereich des Architekten (mit Schlafgelegenheit)*
Private area of architect (with sleeping accommodation)

Ein Energiesparhaus und sein Prototyp

11 *Ansicht von der Südwestseite. I*
Lüftungsflügel in der Dachfläc
und in der gläsernen Seitenwan
sind ausgestellt

View as seen from southwest. V
tilation wings in roof surface an
glazed side wall are on display

dem im Süden ein Gewächshaus angegliedert wurde. An kalten Tagen (ca. 65 Tage im Jahr) kann das Wohnhaus zum Gewächshaus hin abgeschottet werden. Die Höhe der nutzbaren »Passivenergie« in Form von Sonneneinstrahlung in das Gebäude ist durch den Glasflächenanteil, der im Bereich der Wellenlängen des sichtbaren Lichtes durchlässig ist, bedingt. Da in einem Glashaus auch erhebliche Wärmeverluste nach außen auftreten können, hängt die Wirtschaftlichkeit eines solchen Konzeptes von der gewählten Bauausführung ab. Zum Einsatz kommen herkömmliche Materialien wie Glas und Stahl für das Gewächshaus sowie Ziegelwände zur Wärmespeicherung im Wohnhaus. Die Decken sind in Holzbauweise ausgeführt. Die Mauern des konventionellen Wohnhauses sind ca. 40 cm dick und innen hohl. Durch sie kann aus dem Gewächshaus abgesaugte überschüssige Wärme zirkulieren. Diese Speicherwände sind nach außen gut isoliert, so daß Kälteeinwirkungen abgewehrt und Wärmeabgabe nach außen verhindert wird. Dagegen geben sie die Wärme bei Abkühlung der Räume nach innen ab und tragen so zur Energieeinsparung bei.

Die Intensität der Sonneneinstrahlung schwankt zeitlich stark, so daß sich Zeiten von Wärmeüberschuß und Wärmebedarf abwechseln. Wärmespeichervorgänge sind deshalb wesentlicher Bestandteil der gesamten Konzeptionsüberlegungen. Die überschüssige Wärme wird im Sommer und an sonnigen Wintertagen – wie erwähnt – in die Wände des Kernhauses und zusätzlich in einen Wärmespeicher (Wassertank oder Kies) abgegeben. Der darüber hinaus erforderliche Wärmebedarf wird mit einer Wärmepumpe gedeckt. Außerdem ist ein Kachelofen für Festbrennstoff vorgesehen. Das Brauchwasser wird mit Sonnenkollektoren erzeugt.

Das Gewächshaus muß bepflanzt sein, um zu funktionieren. Die Bewohner müssen die Pflanzen, die ein Teil der Hausstruktur sind, pflegen. Pflanzen – vor allem solche r stark duftenden Blüten – sc ten individuell ausgewählt w den, da nicht alle Düfte jeden gleich gut verträgli sind. Ein Nutzpflanzenanb ist möglich.

Das Klima wird weitgehe durch die Pflanzen regulie

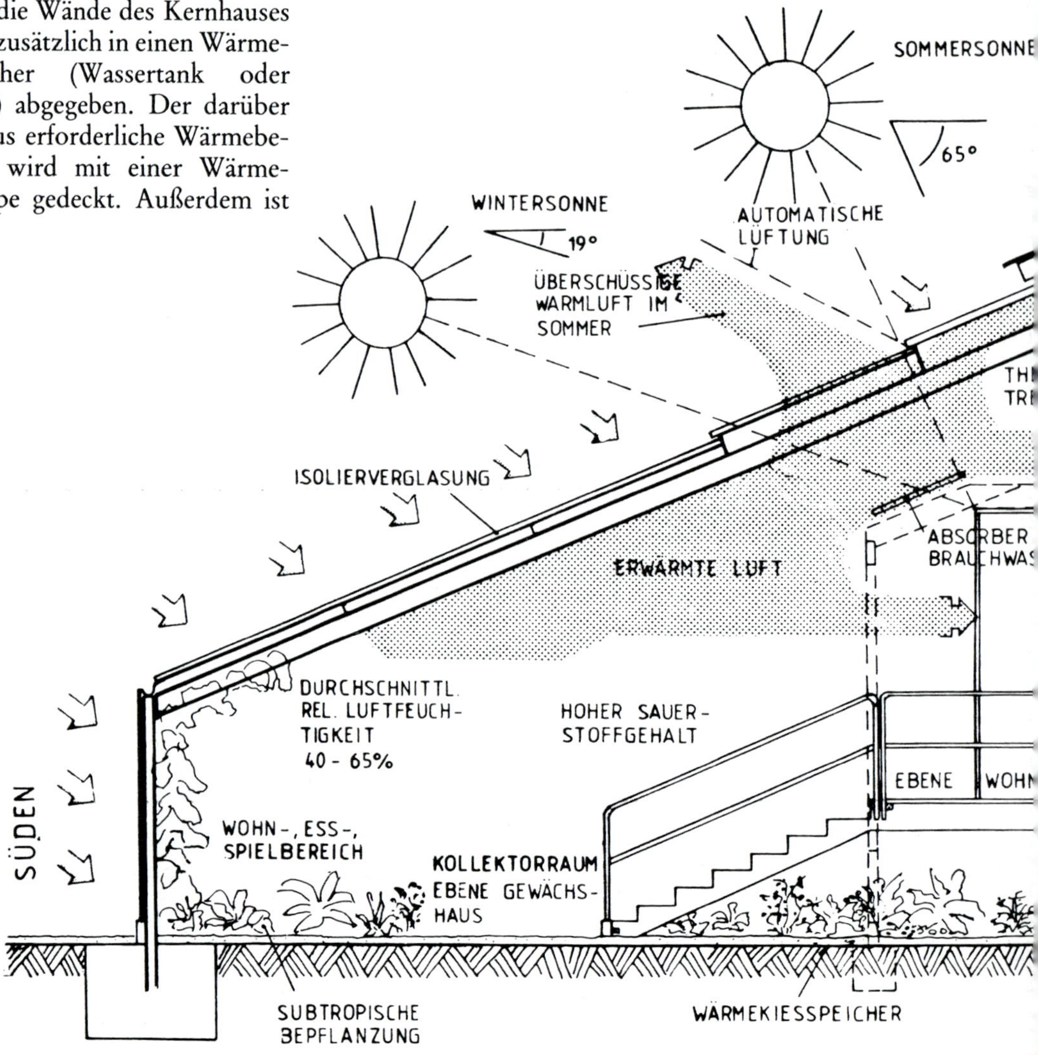

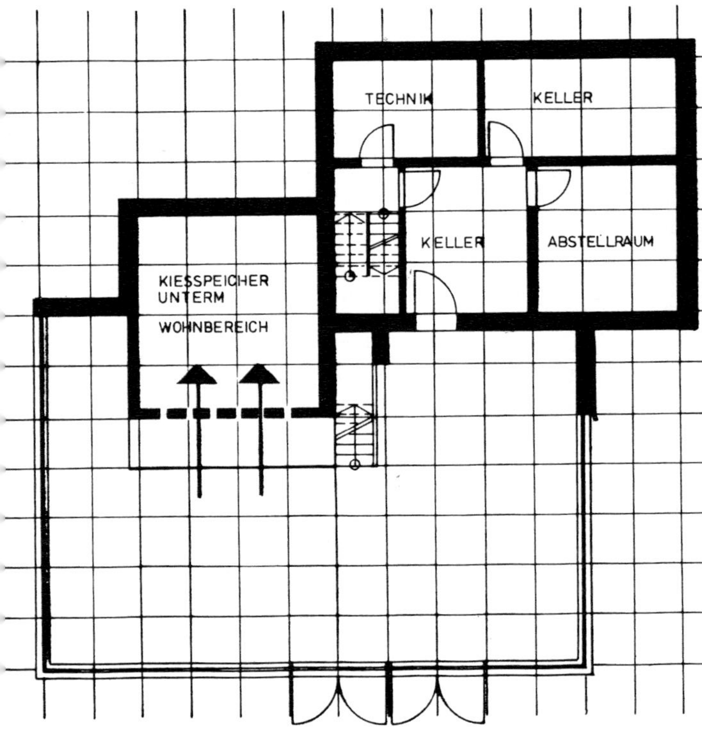

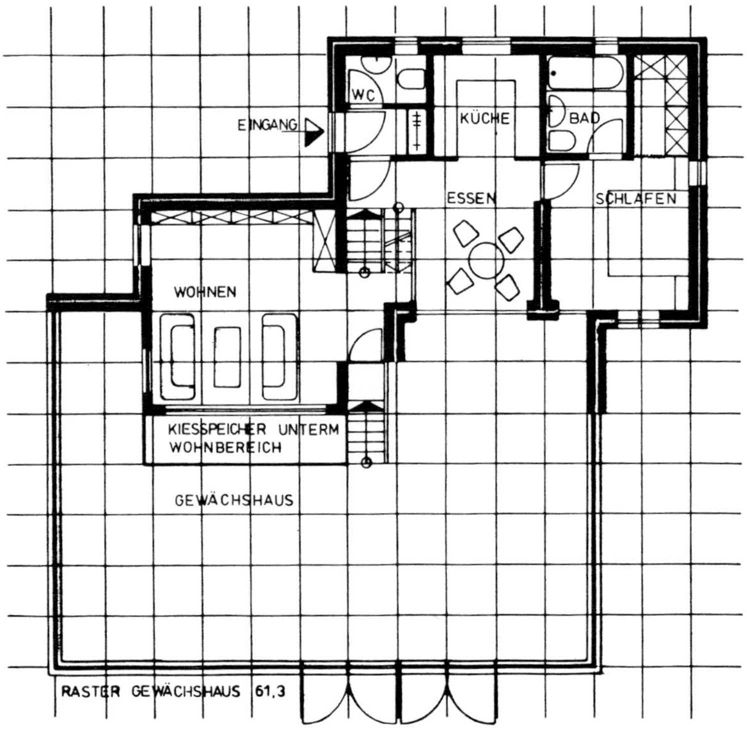

Sie erzeugen ein eigenes Kleinklima mit einem verlängerten Sommer von Ende Februar bis Ende Oktober mit einem hohen Sauerstoffgehalt und nicht zuletzt individuellem Pflanzen- und Blütenduft. An bewölkten Tagen schwankt das Klima besonders stark. Nach einer Eingewöhnungsphase von etwa zwei Monaten werden die Temperaturunterschiede nicht mehr als unangenehm empfunden. Die Luftfeuchtigkeit liegt an Sommertagen zwischen 40 und 80 % und bei 40 bis 50 % an Wintertagen. Im Sommer ergibt sich eine fast regelmäßige

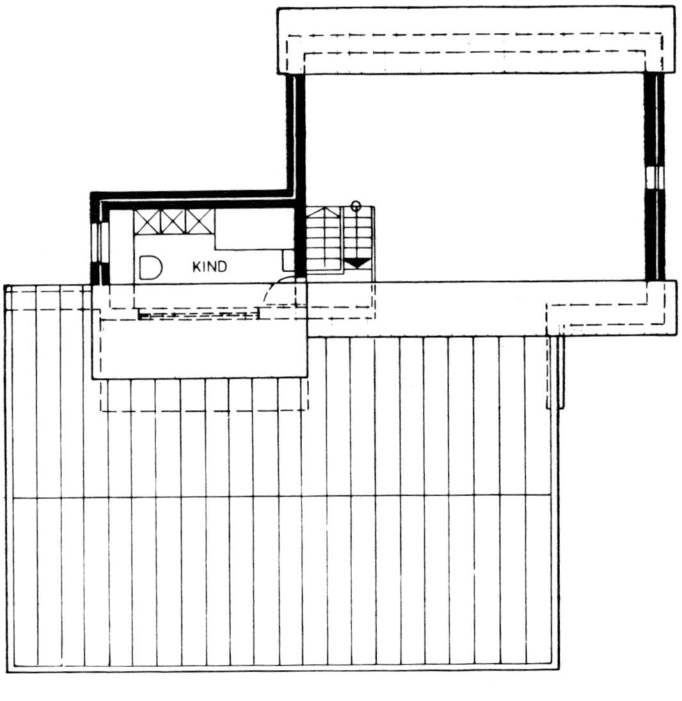

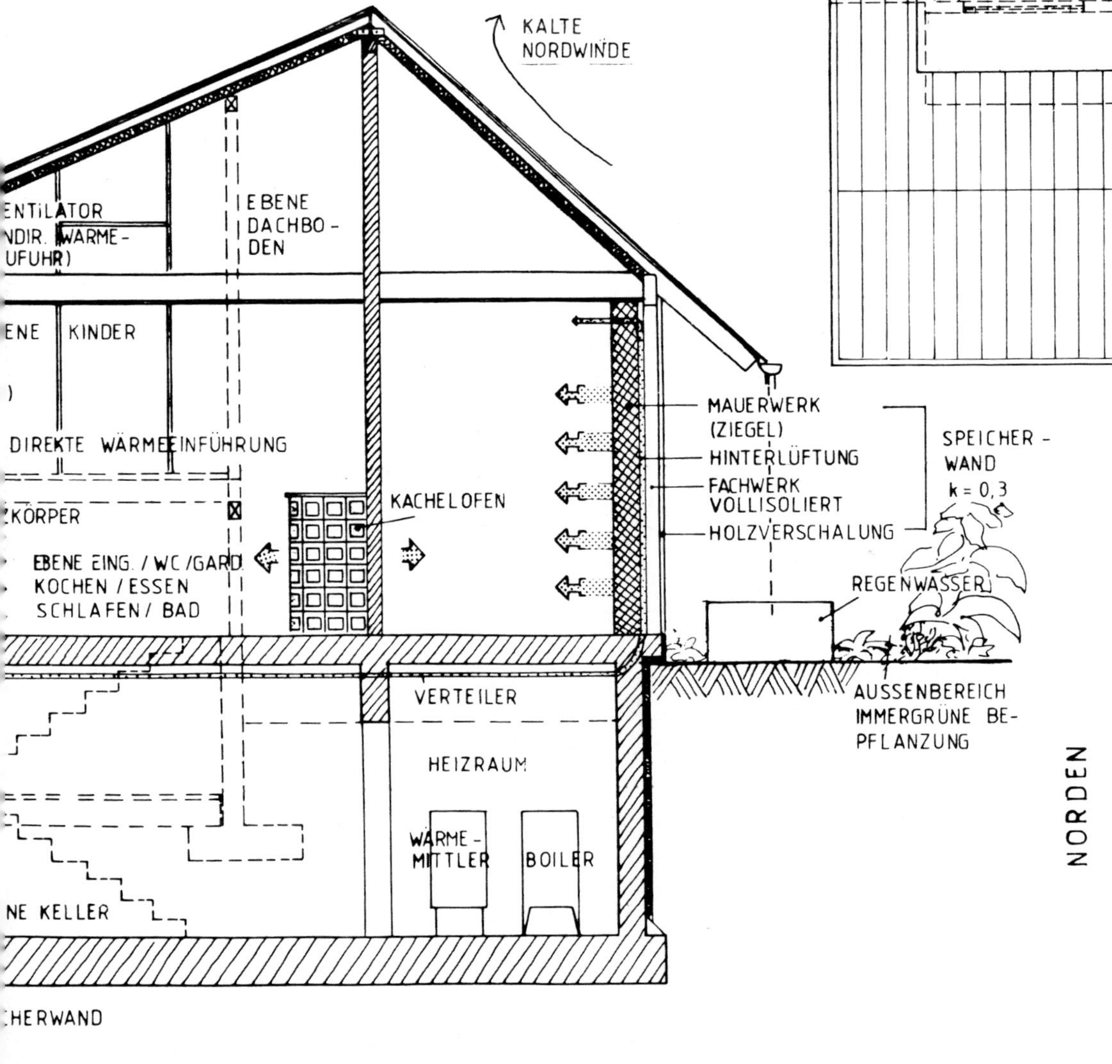

Feuchtigkeitskurve mit einem Luftfeuchtigkeitsstand von 40 % gegen 14.00 Uhr. Danach baut sich die Luftfeuchtigkeit auf und erreicht ihren Höchststand mit 80 % am nächsten Vormittag gegen 9.00 Uhr. Im Sommer sorgen die Pflanzen und zusätzliche Sonnensegel für Kühlung, die außerdem noch durch eine Lüftungsautomatik reguliert werden kann.

Eine technische Architektur ist die »grüne Solararchitektur« nicht geworden. Die traditionellen Wohngewohnheiten können im massiven Hausteil verwirklicht werden; eine Ab-

12

13

14

Ein Energiesparhaus und sein Prototyp

kehr von gegenwärtigen Wertvorstellungen ist keine Voraussetzung. Das sonnenenergiegewinnende Gewächshaus erweitert den Lebensraum im Haus um eine Vielzahl sinnvoller Funktionen. Vielleicht kann es zu einer Symbiose Mensch – Pflanze kommen, da die Solarenergiegewinnung im Pflanzenbereich nicht nur ein technischer Vorgang ist, sondern in den gesamten Wohnprozeß organisch integriert wird. Die Chance für eine individuelle Architektur wird dadurch gefördert und nicht etwa verbaut. Nach den Prinzipien der »grünen Solararchitektur« wären Reihenhäuser noch rentabler herzustellen als Einfamilienhäuser und würden ebenfalls die bereits bei Einfamilienhäusern erzielten Flächenvorteile noch vergrößern. Unter Umständen könnten sogar neben den einzelnen Gewächshäusern durch verschiedene Eigentümer oder Mieter gemeinsam nutzbare zusätzliche Gewächshausflächen von Interesse sein.

12 *Wohnebene und Gewächshaus ste-*
13 *hen in direktem Bezug zueinander*
14 *Ansicht von der Ostseite. Die Treppe führt vom Gewächshaus in den Wohnbereich*

12 *Living-zone and greenhouse are in*
13 *direct relationship with each other*
14 *View as seen from east. Staircase leads from greenhouse to living-zone*

Fotos: Abb. 1 und 11–14: LOG ID Tübingen; Abb. 2–10: Günter von Voithenberg, München.

Wichtige Neuerscheinungen, die das Thema ausführlich behandeln:

Grüne Solararchitektur – Wohnen mit Pflanzen und Energiesparen. Wissenschaftliche und technische Grundlagen. Ein Projekt der Gruppe LOG ID Tübingen. Herausgegeben von Heinz Weichardt. Verlag C. F. Müller, Karlsruhe. 79 Seiten mit zahlreichen Schwarzweißabbildungen, Plänen, Skizzen und Tabellen. Broschur. 38 DM.

Grüne Archen. In Harmonie mit Pflanzen leben. Das Modell der Gruppe LOG ID. Verlag Dieter Fricke, Frankfurt am Main. 124 Seiten mit 27 Farb- und zahlreichen Schwarzweißabbildungen, Plänen, Skizzen und Tabellen. Broschur. 29,80 DM.

DIE WOHNUNG DES MODESCHÖPFERS PENNEROUX

Von der Behausung eines Modeschöpfers erwartet man eigentlich avantgardistische, zumindest aber außergewöhnliche und unkonventionelle Lösungen. In diesem Hause bestimmen jedoch kostbare Antiquitäten und erlesene Accessoires das harmonische Erscheinungsbild.

Seite 117 bis 122

Fotos: Eclipse

Die Wohnung des Modeschöpfers Penneroux

ine besonders originelle Lösung ließ sich der bekannte Modeschöpfer Penneroux für seine Wohnung in Paris einfallen.

Er verfiel auf ein altes Patrizierhaus, dem er durch eine Einrichtung von alten und modernen Möbeln sowie ganz erlesenem Kunsthandwerk eine eigene und unverwechselbare Note verlieh. So findet sich keine Anhäufung von Stilmöbeln, die den Wohnstil und die Atmosphäre vergangener Jahrhunderte vortäuscht; vielmehr wurde jedes alte Möbel aufgrund seiner besonderen künstlerischen und ästhetischen Originalität eigens ausgewählt und durch moderne Möbelstücke aus verchromtem Stahl und Glas kontrastreich zur Geltung gebracht. Die tiefen Polstermöbel, die mit Samt bespannten Wände und zu Decken verarbeiteten Felle geben den Räumen dabei eine ganz besonders wohnliche Note.

Die Wohnung des Modeschöpfers Penneroux

Auf der vorhergehenden Seite:
1 *Detailansicht des großen Wohnraumes. Die Wände sind mit dem gleichen grünen Samt bespannt, mit dem auch das Sofa bezogen ist. Auf dem Tisch aus Stahl und Glas kommen die antiken Silberleuchter besonders wirkungsvoll zur Geltung. Die Glasvitrine links dient zur Unterbringung einer Sammlung von antiken Kleinplastiken; auf der Vitrine eine Bronzemaske aus der Zeit Ludwigs XIV.*

On the preceding page:
Detail of big livingroom. The walls are covered with the same green velvet that covers the upholstered sofa. The glass-topped steel table sets off the antique silver candlesticks most impressively. The showcase left holds a collection of small pieces of antique sculpture. Above the showcase is a bronze mask dating from the time of Louis XIV

2 *Die Bibliothek wurde in einem besonders schönen Schrank mit Intarsienarbeit aus Italien untergebracht. Auf dem Schrank steht eine antike Liebesgöttin aus Bronze zwischen zwei Sèvres-Vasen. Auf dem Tisch im Vordergrund eine Marmorstatue des Kaisers Augustus*

The library has been arranged in a particularly beautiful cabinet from Italy decorated with inlaid work. A marble statue of Emperor Augustus stands on the table in the foreground

3 *Die Wände des Schlafzimmers sind mit blaugrauem Rips bespannt und harmonieren von daher mit den Louis-XVI-Sesseln mit blauem Samtbezug. Zwei Betten aus Metall der Empire-Zeit wurden mit dekorativen Pelzdecken belegt. Das Gemälde über dem Bett zeigt zwei junge Krieger und stammt aus dem 17. Jahrhundert*

The walls of the bedroom are covered with a blue-grey rep. Two metal beds of the empire period have been covered with decorative bedspreads of fur

Die Wohnung des Modeschöpfers Penneroux

4 *Noch einmal eine Detailansicht des Wohnraumes mit einem sehr dekorativen Marmorobelisken im Vordergrund. Auch das Kabinettschränkchen aus Mahagoni wird von drei Obelisken gekrönt und von zwei römischen Marmorbüsten auf schwarzen Marmorsäulen flankiert*

Another detail of the livingroom, with a decorative marble obelisk in the foreground. The small mahogany cabinet is crowned by three obelisks and flanked by two Roman marble busts on black marble columns

DAS HAUS EINES AMERIKANERS

Nicht an der Küste Floridas, sondern in der Bucht von Saint Tropez liegt dieses großzügige, an die steil abfallenden Ufer gebaute Wohnhaus.

Seite 123 bis 128

Das Haus eines Amerikaners

in der Bucht von St. Tropez

otos: Eclipse

1 *Blick von der oberen Gartenterrasse auf den unteren Teil des Hauses, in dem sich die Schlafräume befinden*

View looking from upper garden terrace upon lower part of house where the bedrooms are situated

Das Haus eines Amerikaners

2 *Auf der oberen Terrasse, neben dem in Abb. 4 gezeigten Schwimmbad, liegt der große Wohnraum, der in der Hauptsache durch die breite Polstergarnitur vor dem offenen Kamin möbliert ist. Geräumige Verandatüren führen auf allen Seiten ins Freie*

On the upper terrace, next to the swimming-pool shown in fig. 4 there is the big livingroom. It is mainly furnished by the big upholstered set of sitting-furniture in front of the open fireplace. Spacious french doors lead into the open on all sides

3 *Das Schlafzimmer des Hausherrn ist mit modernen Fliesen ausgelegt und durch Stahlsessel mit Lederpolstern und ein breites Bett, ebenfalls auf einem Stahlgestell, sparsam möbliert. Durch einen alten Schreibtisch aus Nußbaumholz wird diese Einrichtung harmonisch ergänzt*

The master's bedroom has a modern tiled floor. It is sparingly furnished with leather-upholstered steel armchairs and a large bed on a steel frame. This equipment is harmoniously completed by an old walnut desk

Die sehr steil abfallende Küste verlangte vom Architekten für den großen Hauskomplex eine besondere Bauweise: Die gesamte Wohnanlage wurde in einzelne vorbestimmte Bereiche aufgelöst und der Situation des Hanges entsprechend stufenweise angeordnet. Das mediterrane Klima ermöglicht dabei eine besonders harmonische Verbindung dieser einzelnen Bereiche durch Terrassen, Loggien und entsprechende Bepflanzung. Dem Stil der einheimischen Architektur gemäß wurden die Dächer mit alten Schindeln von Landhäusern bedeckt, die mit den weißgestrichenen Mauern besonders gut harmonieren.

Das Haus eines Amerikaners

4 *Rechts an den in Abb. 2 gezeigten Wohnraum schließt sich das große Schwimmbad an, das auf der rückwärtigen Seite direkt in die Felsen eingelassen ist, die hier allerdings nicht zu sehen sind. Von der Terrasse hat man einen weiten Blick über die Bucht von St. Tropez*

Next to the big livingroom shown in fig. 2 and on its right is the big swimming-pool, its rear part is set directly into the rocks which, though, are not visible in this photograph. The terrace gives a vast panoramic view across the bay of St Tropez

FERIENARCHITEKTUR

Ferienarchitektur, die Alpentäler urbanisiert und Strände in Betonschluchten verwandelt, ist der Alptraum aller land- und kulturliebenden Besucher. Daß man es auch besser machen kann, zeigt das Feriendorf »Club Valtur« auf Sizilien. Landschafts- und traditionsgebundene Bauweise verbindet sich harmonisch mit südlicher Landschaft. Strandpavillions und ähnlich einfache Bauwerke sind hingegen eine Spielwiese für

ELEMENTARE ARCHITEKTUR

Seite 129 bis 138

Ferienarchitektur

Architekt:
Antonio Conte Foscari, Venedig
Text und Fotos:
Klaus-Hartmut Olbricht

Die Ferienarchitektur ist ein umstrittenes Kapitel der modernen Baugeschichte. Süffisant vertreten die einen Architekten gegen die Beispiele der »röhrenden Hirsche in der Architektur« ihre funktionalistische Theorie, lakonisch reagieren die anderen gegen die Unmenschlichkeit einer solch doktrinären Bauform, die nur Selbstbestätigung der Ideologie sei, aber dem Wohn- und Lebensbedürfnis des Menschen keine Rechnung trage. Der Bautypus, den wir hier zeigen, ist eine optimale Mischung von tradierten Bauformen und modernen Zweckeinrichtungen, eine Anlage, die Ferienerlebnisse intensiviert und Ferienstimmung mitschafft.

Das Feriendorf »Club Valtur« im Besitz der italienischen Kette gleichen Namens wurde 1971 in Pollina, in der Nähe von Gefalù, etwa 100 Kilometer vom Zielflughafen Palermo erbaut. Die Anlage wurde für eine Kapazität von etwa 900 Feriengästen erstellt. Auf einer abschüssigen, felsigen Landzunge ist ein architektonisch differenzierter Baukomplex entstanden, der allen

1

1 *Kubische Ruhezone für Sonnenbäder in einem der äußeren Wohnkomplexe*

2 *Der als Oktagon angelegte zentrale Platz mit Eingängen zu den einzelnen Wohneinheiten. Vorgelagert das Halbrund des Theaters, in dem Folklore- und Filmveranstaltungen stattfinden, und das auch als Tanzfläche dient*

3 *Ansicht der einzelnen Bauelemente mit Aussichtsterrasse. Die untere Galerie erlaubt Aufenthalt und Durchgang auch bei Regen*

4 *Portikus mit einer Terrasse für Sonnenbäder. Im unteren Teil des Gebäudes sind die Versorgungsanlagen für das Schwimmbad untergebracht, Materiallager, Magazine und Massageräume*

5 *Schwimmanlage mit Sonnen-, Rast- und Spielplatz. Durch ein besonderes Ventilationssystem wird dem Schwimmbad durch dekorativ angelegte Kanäle Frischwasser in der Form von kleinen Wasserfällen zugeführt. Dies dient einerseits der Erneuerung des Wassers im Schwimmbecken und ruft andererseits durch das beständige Geräusch des Wassers den Eindruck von Frische und Kühle hervor*

1 *Cubic rest zone for sunbathing in one of the outer rows of dwellings*

2 *The central octagonal square with its entrances to the separate living-units. In front of it there is the semi-circle of the theatre where folklore performances and movies are shown and which also serves as a dancing-floor*

3 *View of the several structural elements with the viewing-platform. The lower gallery permits a dry stay and passage under rain*

4 *Portico with a terrace for sunbathing. The lower part of the building houses the supply facilities for the swimming-pool besides stores, magazines and massage facilities*

5 *Swimming facilities with solarium, rest-zone and playing-area. A special ventilation system transports freshwater via decoratively arranged canals in small cascades to the basin. On the one hand, the water is being constantly renewed, and on the other the constant murmur of the cascading water conveys an impression of coolness and freshness*

3

4

5

modernen Einrichtungs- un Ausstattungskomfort eines Fer enzentrums bietet und so de Sportenthusiasten und den Ruhe suchenden gleichermaßen Mög lichkeiten gibt. Das Freizeitar gebot, von den sportlichen Akt vitäten wie Tennis, Schwimmer Segeln, Tauchen, Fußball, Gym nastik und Yoga bis zu den Ge sellschaftsspielen, Musikdarbie tungen, Mal- und Bastelkurse und Ausflugsprogrammen in di

6 *Eßterrasse im rustikalen Stil mit schattenspendendem Bambusdach*

Dining-terrace in a rustic style with a shade-giving bamboo roof

7 *Panoramablick vom Meer aus auf die Anlage des Feriendorfes, im Hintergrund auf dem Berg das mittelalterliche Dorf Pollina. Der normannische Wachturm wurde in seiner ursprünglichen Form erhalten*

Panoramic view of the holiday village as seen from the sea; in the background on a mountain, there stands the medieval village of Pollina. The Norman keep has been preserved in its original shape

ngebung, garantiert das not-
ndige Divertimento. Geschul-
s Personal, Sportlehrer und
imateure, Köche und Verwal-
ng sorgen für eine Optimie-
ng der Dorfatmosphäre und
r eine Stimulanz des Ferienerr-
nisses.
er architektonische Komplex
tte seine spezifischen Aufgaben
s Ferienzentrum zu erfüllen,
cherheitsvorkehrungen (gegen
dbebenkatastrophen und Un-
etter) wurden optimal gelöst
d besonders beachtet; eine ein-
andfreie Gewährleistung der
ersorgung ist garantiert.
us der Anordnung der einzel-
n Elemente zu einer im Ge-
mtgelände verteilten, lockeren aber nicht ungeordneten, sondern lediglich differenzierten Gruppe ergibt sich zusammenhängend ein Wohn- und Spielkomplex, der harmonisch gegliedert ist. Eine scheinbare Bewegung der Gruppen und ihrer Einzelteile trifft mit einer scheinbar räumlichen Verschiebung der einzelnen Elemente zusammen. Die verschiedenen Gebäude verschieben sich gegeneinander, verdecken sich je nach räumlicher Anordnung und der Position des Betrachters. Das Formspiel wird zusätzlich akzentuiert durch eine Kolorierung der Hauswände in den Farben weiß und sienarot. Bauweise und Baumaterial sind der geographischen Situation angepaßt. Die Bau-

8 *Einrichtungsdetail (Schaukasten mit Lockvögeln) im Spiel- und Fernsehraum*

Furnishing detail (show-case with decoy-birds) in the play and TV room

9

12

Ferienarchitektur

10

11

weise orientiert sich nicht an allgemeinen Mustern von Ferienhausvorstellungen, sondern an den traditionellen sizilianischen Bau- und Gestaltungsformen, die nach ästhetischen Vorstellungen der zeitgenössischen Architektur und des Architekten Foscari modifiziert wurden. Die in Pollina entstandene »landschaftsgebundene Architektur« hat in der Leichtigkeit ihrer Gestaltung ein überraschendes Moment der Bewegungsfreiheit für den feriensuchenden Menschen. Die Schönheit dieser Form von Architektur resultiert aus der Überzeugung ihrer am menschlichen Maß geformten einsichtigen Strukturen.

9 *Kuppeldach des türkischen Bades mit Treppe zur Sonnenterrasse*
10/11 *Ansicht der differenziert angelegten Wohnelemente im Stil maurischer Festungsanlagen*
12 *Einblick in das Verbindungssystem der Bungalows untereinander*

9 *Cupola roof of the Turkish Bath with steps to sun terrace*
10/11 *View of the differentiated living-elements in the style of Moorish forts*
12 *View offering an insight into the system connecting the bungalows*

Elementare Architektur

ext und Fotos:
laus-Hartmut Olbricht

/enn Architektur die Verwirk-chung einer Raumvorstellung it den einfachsten Mitteln ist, ann ist jene anonyme, »spon-ne« oder »elementare« Archi-ktur, die uns in den mediterra-en Ländern in der Gestalt von euhaufen, Scheunen, Strand-uten und Bauernhäusern be-gnet, ein definitiver Ausdruck eser Überzeugung. »Architek-ır beginnt dort, wo zwei Steine rgfältig übereinander gelegt erden« (Mies van der Rohe). iese Formel trifft sinngemäß s Ordnungsprinzip für die pri-itiven Holzkonstruktionen wie ır die Steinbauten zu. Der hier abgebildete Holzbau am Strand in Form einer Rundhütte hat seinen Nutzen in der Funktion, die Badegäste vor Wind und Sonne zu schützen, wie auch Rast- und Eßplatz zu sein. Dieser Bau folgt in seinem Entwurf dem Gesetz der ihn umgebenden Natur, er ist kein Fremdkörper in der Meereslandschaft. Jedes Detail ist in dieser Holzkonstruktion zu betrachten, es gibt kein Element, das nicht dem Gesetz des harmonischen Ganzen, der organischen Bauform gehorcht, was sowohl in der Wahl des Materials wie auch in der geographischen Situation zum Ausdruck kommt.

Das Gesamtwerk ist von einheitlicher Struktur, sein Rhythmus resultiert aus der Art der Werkzeuge, mit denen es erstellt wurde und aus dem verwendeten Baumaterial Holz, Bambus und Stroh. In jeder Einheit, in der Holzmarkise, dem abgedeckten Dach, in den Stützen, Querverstrebungen und Dachträgern, den Öffnungen und den Kompaktteilen erscheint das logische Muster ein und derselben Idee dieser mediterranen Architektur, die in der Überlieferung von Baumeister- und Handwerkertradition wurzelt und bis heute ihren Bestand hat.

1 *Unverschnittenes, über die Dachkonstruktion hängendes Strohdach mit den darunterliegenden geschlossenen Jalousien*

Overhanging thatched roof, with the closed blinds underneath

2 *Gesamtansicht des Strandpavillons*
General view of the beach pavilion

3 *Die in rhythmischem Muster angelegten Innenverstrebungen*

The interior stays arranged in a rhythmical pattern

4/5 *Die verschiedenartige Verwendung der Bauelemente*

The several ways in which the structural elements have been used

6 *Interieur des Pavillons mit Blick auf das Meer*

Interior of pavilion, and view of the sea

EIN WOHNHAUS IN DEN DÜNEN

In die Düne gebaut und unter Gras versteckt hat der dänische Architekt Claus Bonderup sein ungewöhnliches Haus. Dabei war es sein erklärtes Ziel »wie die Wikinger« zu bauen, also die klimaregulierende Wirkung eines in den Boden eingegrabenen Hauses zu nutzen.

Seite 139 bis 144

Ein Wohnhaus in den Dünen

Architekt:
Claus Bonderup, Aalborg
Text und Fotos:
Wolfgang M. Ebert, Bad Soden im Taunus

Zwei großformatige Glaskuppeln verbinden Außen- und Innenbereich
Two large size glass cupolas connect exterior and interior region

Wie Insektenaugen glotzen zwei Blasen aus dem Schilfgras: Eingegraben im Sand versteckt sich ein ungewöhnliches Haus unter den Dünen bei Blokhus an der Nordwestspitze Jütlands.

Von außen läßt sich kaum erahnen, welches Panorama sich beim Blick aus den beiden Glaskuppeln eröffnet. Während die eine Kuppel den Eßbereich umspannt (oben), befindet sich unter der anderen der Wohnbereich mit Kaminplatz im Hintergrund und darüberliegender Schlafempore (rechts oben). Das üppige Grün, das durch die »Treibhaus«-Bedingungen begünstigt wird, führt den Gedanken der Einbindung in die Natur fort

When having a look at the house from outside one hardly can imagine the panorama when looking out of the two glass cupolas. One cupola is encompassing the dining area (top), the other one the living area with an open fire place in the background and a sleeping accommodation above it (right, top). The plants which grow sumptuously due to the "greenhouse" climate emphasize the idea of integrating nature

Ein Wohnhaus in den Dünen

Rechts:
Auch dieser kleine »Privatstrand« wurde einfühlsam in die Anlage eingebunden

Right:
This small "private beach", too, has been harmoniously bound in the total arrangement

Zwei Jahre kämpfte der dänische Architekt Claus Bonderup um die Baugenehmigung für seinen transparenten »Bunker« – dabei wollte er doch nur in die Natur bauen, ohne sie zu zerstören.

»Das Dünen-Haus knüpft an längst vergangene Traditionen an. Unsere Vorfahren, die in diesem rauhen Klima lebten, gruben sich auch ein. Wände und Decken ihrer Behausungen bestanden aus Torf und Grassoden: Materialien, die bei Sonne und eiskalten Winden für erträgliche Temperaturen sorgen. Ich baue nur wie einst die Wikinger« (C. Bonderup).

Glas allerdings kannten die Wikinger noch nicht. Glas aber nutzt der dänische Architekt, um das Draußen nach drinnen zu holen. Er verkriecht sich unter die Erde, genießt das Gefühl von Geborgenheit – und lebt doch ständig unter freiem Himmel. »Die Landschaft hier ist in ihrem Wechsel so stark, daß sie für mich zur Herausforderung wurde, mein Heim behutsam in sie einzubetten und doch ständig in der Natur zu leben.

Mein Haus ist nach ganz einfachen präzisen geometrischen Formen gebaut: aus Quadraten und Kreisen. Ich finde, daß diese Mischung dem Haus Ruhe verleiht und durch den Kontrast gleichzeitig Spannung erzeugt wird. Die alles bestimmende Farbe ist Weiß. Wenn man die Farben des ewig wechselnden Himmels und das grelle, klare Licht, das die Maler so lieben, von außen nach innen projizieren will, braucht man weiße Flächen.«

90 Quadratmeter umfaßt die in die Düne gegrabene Wohnfläche, die mit einem Tonnengewölbe aus Beton übergossen wurde. Die Kuppeln sind doppelt verglast und mit einem korrosionsfesten Stahlrahmen verbunden.

Im Winter wärmt die tiefstehende Sonne die beiden Räume; im Sommer allerdings sorgt sie in den Glaskuppeln für Treibhaustemperaturen. Dann muß die Heizung als Klimaanlage arbeiten und kühlende Luft unter die Düne blasen.

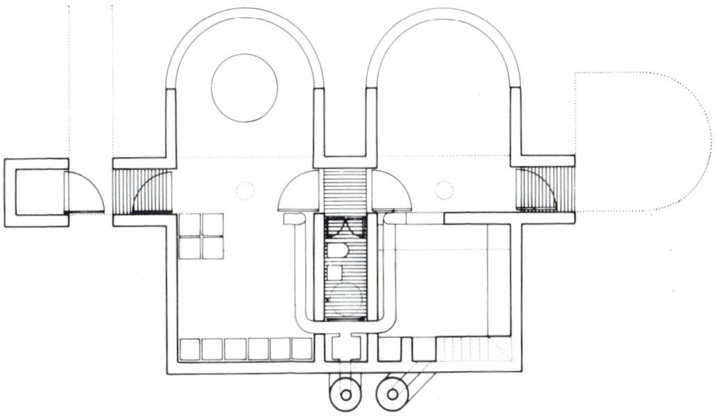
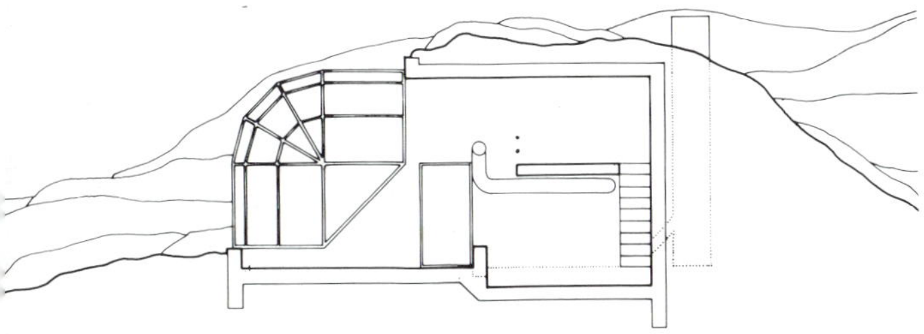
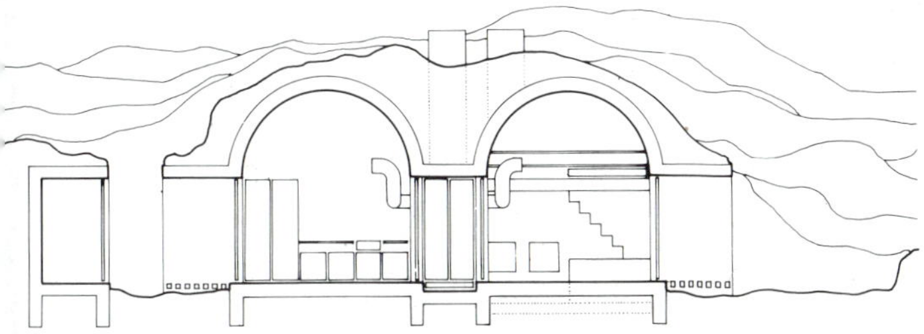

DAS PENTHOUSE EINER ARCHITEKTEN-FAMILIE

Nicht umsonst erfreut sich das Penthouse als exklusive Wohnmöglichkeit steigender Beliebtheit, verbindet es doch die Abgeschlossenheit des Einfamilienhauses mit stadtgerechter mehrgeschossiger Bauweise. Großzügige Dachterrassen lassen den fehlenden Garten leicht verschmerzen.

Seite 145 bis 150

Das Penthouse einer Architektenfamilie

on Hans-B. Adams, Mettmann
rchitekt: Magnus Maria Troll, Mettmann
nnenarchitektin: Annegret Troll, Mettmann
otos: Manfred Hanisch, Metzkausen

1 *Blick von Süden auf die Dachterrasse mit offenem und überdachtem Freisitz. Pflanzflächen, Pergolen und Wasserbecken schaffen einen großzügigen Freiraum*

View looking from south to roof-terrace with open and covered sitting-areas. Plantings, pergolas and a water-basin support a bold open-air sitting-area concept

In landschaftlich reizvoller Lage – mit Blick in ein unverbaubares Naturschutzgebiet – entstand in Metzkausen (am Rande der Kreisstadt Mettmann) auf einem 8000 qm großen Grundstück eine großzügige Wohnanlage mit zwölf Komfortwohnungen, drei Appartements und zwei Penthouse-Wohnungen. Der besondere Wohnwert wird unterstrichen durch die hauseigene Tennisplatzanlage mit Allwetterbelag, einem Schwimmbad, Sauna, Fitness-Raum und einem Mehrzweckraum für Tischtennis, Billardspiel und hauseigene Feste. Das abfallende Gelände mit 14 m Höhenunterschied wurde im Osten drei- und im Westen zweigeschossig bebaut. In dem über dem Baukörper liegenden zurückgesetzten Staffelgeschoß befindet sich die hier beschriebene Penthouse-Wohnung.

Auf den in Massivbauweise und mit vorgesetzter Verklinkerung errichteten Gebäudekomplex

2 *Blick aus der Eingangshalle in den Wohnbereich. Durch absichtlichen Verzicht auf Türen entstand ein »fließender Raum«. Nur Sanitär-, Wirtschafts- und Schlaftrakt sind durch alte handgestemmte Eichentüren abgetrennt*

View looking from entrance hall into living-zone. Doors have been omitted in favour of an unbroken run of space. Only the wet, sanitary, domestic-working and sleeping areas have been partitioned off

urde ein Stahlskelett gestellt, ei dem die Wandflächen mit Gas-etonmauerwerk, Isolierung und ronzierter Aluminium-Paneel-erkleidung ausgefacht wurden. ie zur Ausführung gelangte Vohnlösung für eine Familie it fünf Personen trägt im beson-eren dem Hobby der Bewohner - dem Sammeln von Antiquitä-n und Kunstgegenständen – echnung. Viele mit Liebe zu-ammengetragene alte Möbel-ücke sollten in den Wohnbe-

Das Penthouse iner rchitektenfamilie

nsicht des Eßplatzes. Der rustikale eramikboden und die Möbelstücke us dem 18. Jahrhundert vermitteln en gewünschten Kontrast
lick vom Wohnraum in das rbeitszimmer des Hausherrn. Links in alter holländischer intarsierter itrinenschrank aus dem 17. Jahr-undert
itzgruppe im Wohnraum. rauntöne herrschen auch hier wie n übrigen Wohnbereich vor
nsicht des Kaminplatzes. Kamin nd Wandflächen wurden mit andgeformten Klinkern verkleidet

iew of dining-area. The rustic iled floor and the pieces of 18th entury furniture produce the esired contrast
iew looking from livingroom to aster's study. To the left is a enuine 17th-century Dutch show-ase with inlaid work
itting-area in the livingroom. rown colour tones prevail here and n the entire living-zone
iew of open fireplace. The fireplace nd the surrounding wall spaces ave been faced with hand-formed linkers

reich integriert werden. Man darf als kritischer Betrachter unter Berücksichtigung der Größe des Gesamtbereiches sagen, daß die hier erzielte Wohnform eines »fließenden Raumes« (durch den absichtlichen Verzicht auf Türen) voll gelungen ist.
Alle Decken wurden als abgehängte Oregon-pine-Holzdekken, dunkel getönt, ausgeführt. Die Wandflächen sind mit Textiltapeten bespannt. Der Fußboden wurde im Eingangs- und Eßplatzbereich mit Steinbelägen aus toskanischen Keramikplatten sowie mit Spannteppichen in den anderen Teilen belegt. Brauntöne von hell bis dunkel sind im gesamten Penthouse-Bereich vorherrschend und schaffen eine behagliche Atmosphäre.

Das Penthouse einer Architektenfamilie

7 *Blick auf die Dachterrasse. Eine Sitzgruppe auf der mit Holzrosten belegten Terrasse inmitten von Pergolen, Rankgerüsten und Pflanzbeeten mit immergrünen Pflanzen und Sträuchern lädt zur Entspannung ein*

View looking on roof terrace. A sitting-area on the terrace covered with duckboards in the midst of pergolas, trellises and plantings of green plants and shrubs invites us to relax

DIE WOHNUNG EINES ARCHITEKTEN

Perfekte Raumaufteilung und genau abgestimmte Farben verleihen dieser Wohnung die Großzügigkeit eines großen Hauses.

Seite 151 bis 156

1 *Blick vom Wohnraum in die Diele. Auffällig das Objekt von Pit Schütz an der Rückwand*

View looking from livingroom into vestibule. The quite remarkable object on the rear wall is a work by Pit Schütz

ans-B. Adams, Mettmann

)ie Wohnung eines Architekten im eigenen Mehrfamilienhaus

Architekten: HPP Hentrich-Petschnigg & Partner KG, Düsseldorf
Hans-Joachim Stutz, Architekt BDA, Neuss

otos: Manfred Hanisch, Metzkausen

2 *Eßplatz. Eine besondere Betonung erhält dieser Bereich durch einen Jugendstilparavent*

Dining area. A special accent has been set by the art nouveau screen

3 *Wohnraumdetail. Über einer alten koreanischen Truhe hängt eine Graphik von Axel Knipschild*

Detail of livingroom. Above an old Korean chest there is hanging a modern sample of graphic art by Axel Knipschild

Das 1500 qm große Grundstü
des Mehrfamilienhauses, in de
sich die hier vorgestellte Wo
nung befindet, liegt in einem b
vorzugten Wohngebiet an d
Peripherie der Stadt Neuss. B
diesem zweigeschossigen Woh
haus für sechs Familien mit zw
im Dachgeschoß liegenden A
lier-Wohnungen waren bei d
Planung verbindliche Festlegu
gen des Bebauungsplanes üb

First- und Traufhöhe sowie Giebeldach zu beachten.
Die Wohnung im Erdgeschoß und im Souterrainbereich wird vom Architekten selbst mit seiner vierköpfigen Familie bewohnt. Straßenseitig wurde im Erdgeschoß der Schlaftrakt untergebracht. Der Wirtschaftsteil, in dem die Hausherrin einen großen Teil ihrer Zeit am Tage verbringt, wurde nach Süden gelegt und findet dort eine direkte Verbindung zur Terrasse. Hobby-, Arbeits- und Funktionsräume liegen im Souterrain. Dieser Bereich wird über eine Wendeltreppe vom Erdgeschoß aus erschlossen.
Im Wohnbereich dominiert eine Vielzahl von alten und modernen Kunstgegenständen, die einen ganz persönlichen Geschmack wiedergeben. Die wechselnden Reize dieses Wohnraums sind sehr eindrucksvoll. Die gewisse Strenge, die man auf den ersten Blick wahrzunehmen glaubt, wird durch die geschmackvoll arrangierten Einrichtungsgegenstände ausgeglichen; die bequemen Sitzelemente schaffen in Verbindung mit den im Raum vorherrschenden Materialien und den aufeinander abgestimmten Farben eine Atmosphäre, die viel

Die Wohnung eines Architekten

4 *Auch der Verbindungsraum zwischen Wohnung und Souterrain beherbergt eine Vielzahl von Objekten, so zum Beispiel Werke von Goetzinger und Mack*

The connecting space, too, between the flat and the basement contains a multitude of objects such, for instance, as works by Goetzinger and Mack

Behaglichkeit ausstrahlt. Großflächige Schiebefenster stellen eine fließende Verbindung zwischen Wohnraum und Garten her. Von der dem Wohnbereich vorgelagerten überdachten Terrasse hat man einen eindrucksvollen Blick auf einen sehr gepflegten Garten mit Schwimmbad, der mit seiner üppigen Vegetation die dichte Nachbarschaft gut abschirmt.

Die Wohnung eines Architekten

5 *Bücherwand im Kaminzimmer. Ein Kröne Wandteppich, Spiegelobjekte von Adolf Luther und ein gotischer Sakristeischrank vermitteln ein besonderes Fluidum*

Library wall in the fireplace room. A Kröner tapestry, mirror objects by Adolf Luther and a Gothic vestry cabinet lend a special cachet

6 *Blick vom Kaminraum in den Garten*
View looking from fireplace room into garde

EIN WOHNHAUS ÜBER GRAZ

Holz und Blech als gut formbare Materialien bilden die Hauptbestandteile der ungewöhnlichen Konstruktionen der Architektenehepaares Szyszkowitz. Dabei verbinden dekorative Holzkonstruktionen den Baukörper mit der umliegenden Landschaft und lassen ihn leichter erscheinen.

Seite 157 bis 162

Ein Wohnhaus über Graz

Architekten:
Michael Szyszkowitz und Karla Szyszkowitz-Kowalski

Von Doris Fercher, Wien

Der alte Baumbestand wurde in die Planung einbezogen.

The old stock of trees was integrated into the architectural concept

Wenn das Grazer Architektenpaar Szyszkowitz-Kowalski einen Auftrag für ein Haus übernimmt, dann will es zunächst die künftigen Besitzer genau kennenlernen, denn die Häuser sollen den Menschen, die darin leben, angepaßt sein, die Bewohner sollen sich in ihnen wohlfühlen. Trotzdem tragen diese Häuser, so verschieden sie auch sind, die Handschrift des Architektenpaares. Die beiden Vierzigjährigen sind seit zehn Jahren in der Bundesrepublik Deutschland und in Graz mit Erfolg tätig. Ihre Bauten sind funktionell und trotzdem nicht langweilig. Die Stärke der beiden Architekten ist das unbekümmerte, phantasievolle und witzige Einsetzen von Materialien und Formen: Aus wenigen einfachen Grundelementen entstehen in immer neuer Kombination bizarre Häuser – Häuser, die wie Spinnen ihre langen Arme über einen Hang hinabstrecken, die wie geduckte altmodische Kinderwagen auf einem Bergrükken hocken oder wie Vögel zum Flug abheben.

Die Bauten entstehen wie expressionistische Gemälde: Die Formen und Farben werden eher visionär als konstruierend gefunden. Das Architektenpaar verwendet gerne Holz und

Ein Wohnhaus über Graz

Blech – Blech als gut formbares Material für die meist ausgeprägten Dächer und Holz für die Fassadenteile sowie als Stützen für wuchernde Pflanzen am Haus.
Entscheidende Bedeutung haben auch die Farben, die oft etwas von der Landschaft widerspiegeln. Eine favorisierte Farbe ist altrosa. Sie kommt bei einer Reihe von Bauten vor und erinnert an eine Lichtstimmung und die Veränderungen in der Natur durch die Jahreszeiten in der Gegend von Graz; sie wurde exakt gemischt nach der Farbe der Taubnesselblüte.
Die Häuser von Szyszkowitz-Kowalski wollen nach außen hin zeigen, wie es im Inneren aussieht: die Raumstrukturen, Ebenen, Trakte, die Treffpunkte im Haus und die Ecken zum Zurückziehen. Ihre Architektur ist trotz expressiver Formen eine sanfte Architektur. Harmonische Bauten, die im Laufe der Jahre in die Umgebung einwachsen. Viele scheinbar dekorative Elemente haben den Zweck, Haus und Garten zu verbinden und fließende Übergänge von innen nach außen zu schaffen.
Ein typisches Beispiel der Handschrift von Michael Szyszkowitz und Karla Szyszkowitz-Kowalski ist dieses Haus über Graz. Es verläuft

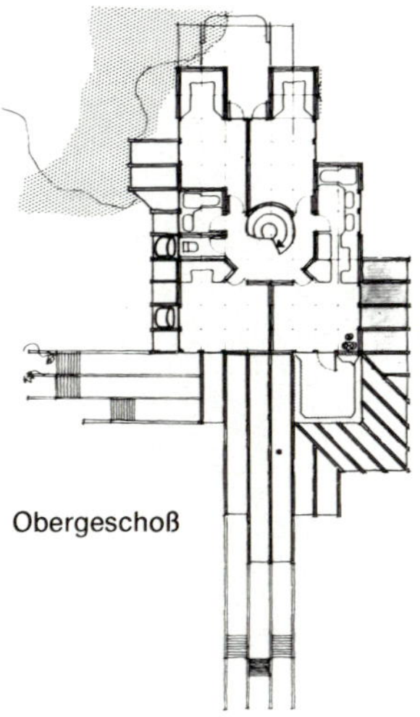

Obergeschoß

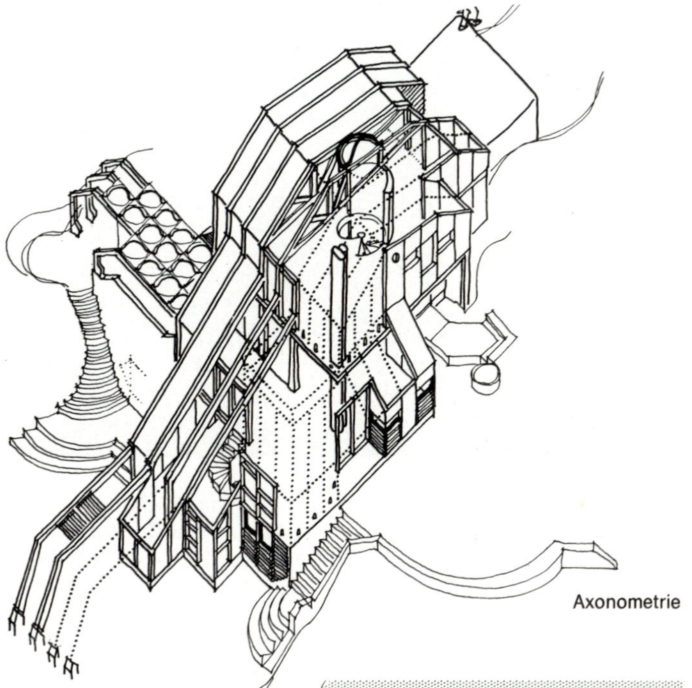

Axonometrie

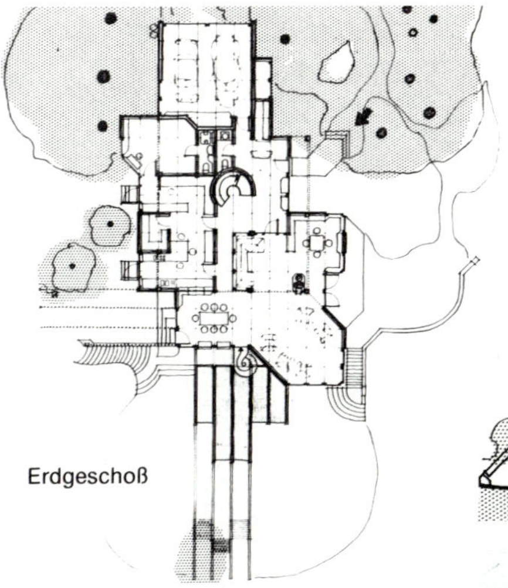

Erdgeschoß

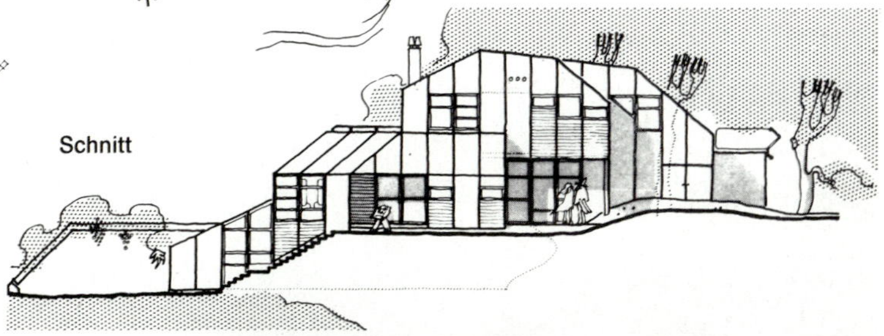

Schnitt

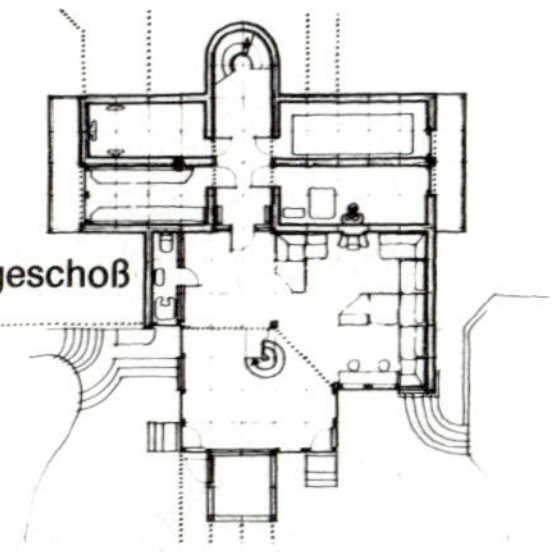

Untergeschoß

2 *Links: Das dem Hang angepaßte Haus erstreckt sich über drei Ebenen*

At left: The house which as been adopted to the slope stretches over three levels

3 *Rechts: Eingangssituation*
At right: Entrance zone

Ein Wohnhaus über Graz

4 *Aussicht aus der Wohnebene auf ein kleines Waldstück und die Stadt Graz*

View from the living area to a small piece of forest and the city of Graz

mit drei verschobenen Ebenen in der Fall-Linie eines Hanges nach Süden. Es ist ein mit Blechplatten verkleidetes Holzhaus auf einem Betonsockel. Auf allen drei Ebenen gibt es Verbindungen von innen und außen, Nischen in den Fassaden, die zusätzlich durch Pergolen gegen Regen, Sonne und Wind geschützt sind. Die drei Ebenen werden derzeit für Wohnen (1), Essen und Arbeiten (2) und Schlafen (3) genutzt. Sie sind ohne große Umbauten in drei getrennt zugängliche Wohnungen zu verwandeln. Die Terrasse unter der weit in den Hang hinabgezogenen Pergola im untersten Geschoß ist mit Wein bewachsen als Erinnerung daran, daß hier früher ein Weinberg war. Der alte Baumbestand wurde in die Planung einbezogen: das Haus verengt sich an der Eingangsseite; man gelangt über einen gepflasterten Weg durch eine kleine englische Parklandschaft zur Haustür.

Und so definiert das Architektenpaar seine Aufgabe, die gerade mit diesem »rosa« Haus über Graz sehr deutlich belegt wird: »Die Dialektik von Gefühl und Verstand, von Form und Funktion widerspruchsfrei in einem Bauwerk zu realisieren, gehört zu unseren Wünschen für die Architektur.

Die Morphologien des Organischen und die strukturellen Reize des Geometrischen ergeben für uns jenes Spannungsfeld, innerhalb dessen wir unsere architektonischen Aussagen verstehen. Diese Elemente beeinflussen sich gegenseitig, sie bedingen sich und sollen zueinander zu Selbstverständlichkeiten werden, sei es nun in der Gegenüberstellung von Alt und Neu, von Geschichte und Zukunft, von Außen und Innen, von Künstlichem und Natürlichem, von kraftvollem Einschnitt und weicher Verbindung.«

5 *Weit den Südhang hinab zieht sich die Terrasse mit Pergola vor dem untersten Geschoß*

The terrace with pergola in front of the lower storey deeply reaches down the south slope

EIN INDIVIDUELLES GIEBELHAUS

Ein harmonisches und natürliches Erscheinungsbild ist das Ziel dieses Entwurfs. Holz, Glas und Klinker sind die dominierenden Baumaterialien. Aus Schlichtheit bei räumlicher Großzügigkeit entsteht hier Wohnbehagen.

Seite 163 bis 172

Holz – Glas – Natur

Ein individuelles Giebelhaus

Architekt: Ulrich Panzer, Krefeld
Fotos: Friedhelm Thomas, Porlezza

1 *Ansicht der Hauseingangsseite*
View of entrance zone of the house

2

In der wohl als Rekordzeit zu bezeichnenden Spanne von nur einem halben Jahr entstand dieses Einfamilienwohnhaus, dessen dominierende Baumaterialien Holz und Glas sind. Ein breiter Giebel mit asymmetrischem Dach umschließt den Baukörper wie ein schützendes Zelt und läßt beim ersten Blick bereits erkennen, daß hier ein individuelles Planungskonzept zur Realisierung kam. Das Haus wurde in Holzskelettbauweise errichtet, das zusammen mit Klinker-Mauerwerk den

Holz – Glas – Natur
Ein individuelles Giebelhaus

3

2 *Der Briefkasten wurde vom Hausherrn aus verzinktem Lüftungsrohr gefertigt und erinnert an einen Schiffslüfter*
3 *Bei tiefstehender Morgensonne wird die Diele in vielfarbiges Licht getaucht. Der Entwurf und die Ausführung der Bleiverglasung sind ebenfalls vom Bauherrn*
4 *Die Eingangstüre und das anschließende Garagentor sind in ihrer Form traditionell, wirken durch die Farbgebung jedoch wie eine moderne Graphik*

2 *The letter-box was made of a galvanized ventilation piping by the master of the house and reminds of a ship's ventilator*
3 *The morning sun bathes the hall in multi-coloured light. The master of the house has also designed and constructed the stained glass*
4 *The entrance door and the adjoining gate of the garage have a traditional design, due to their colouring, however, they look like a modern print*

4

Der Kachelofen im Wohnraum besteht aus etwa 140 handgeformten, unglasierten Tonkacheln, die die Bauherrin selbst hergestellt und gebrannt hat. In der Übergangszeit und im Winter ist dies eine vielgenutzte Wärmequelle

The tiled stove in the living-room consists of about 140 hand-formed, unglazed red tiles that the Lady of the house made and fired herself. Between the seasons and in winter time this is a frequently used source of warmth

angestrebten Charakter eines natürlichen Erscheinungsbildes unterstreicht. Die Konstruktion bestimmt auch im Inneren des Hauses das Bild; hier gehen die naturfarbenen Holzteile mit den rotbraunen Ziegelfliesen und der dezent darauf abgestimmten Möblierung eine Harmonie ein, die den Räumen eine angenehme Atmosphäre verleiht. Großformatige Glaselemente – im Erdgeschoß ist nahezu die gesamte Giebelseite verglast – ermöglichen es, den Garten mit in das Wohnerlebnis einzubeziehen. Das ist vor allem im Wohnbereich gelungen, wurde doch hier in die Terrasse ein großer Teich ein-

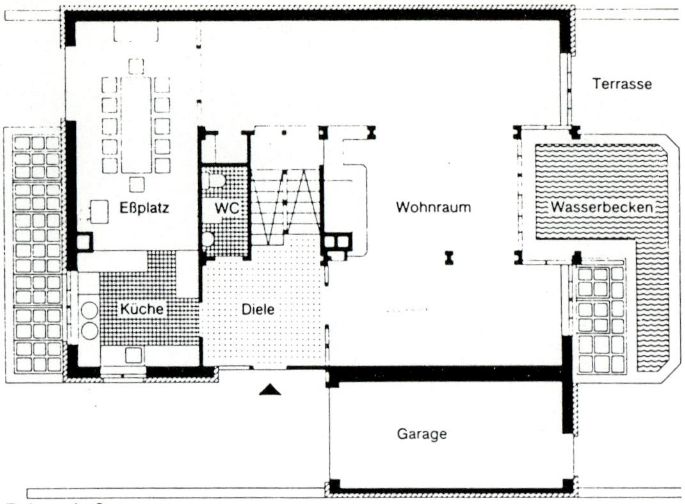

Erdgeschoß

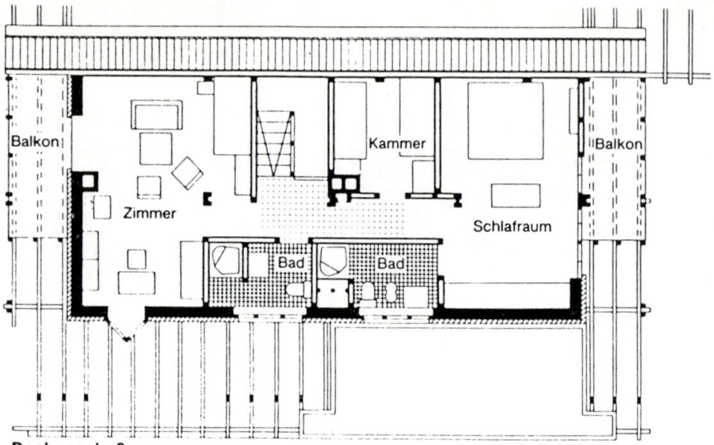

Dachgeschoß

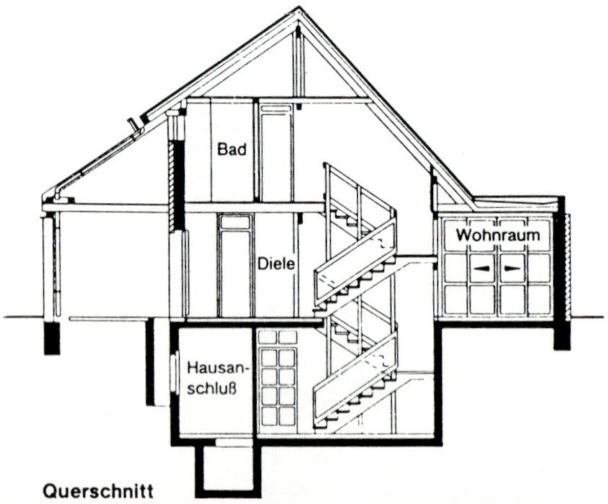

Querschnitt

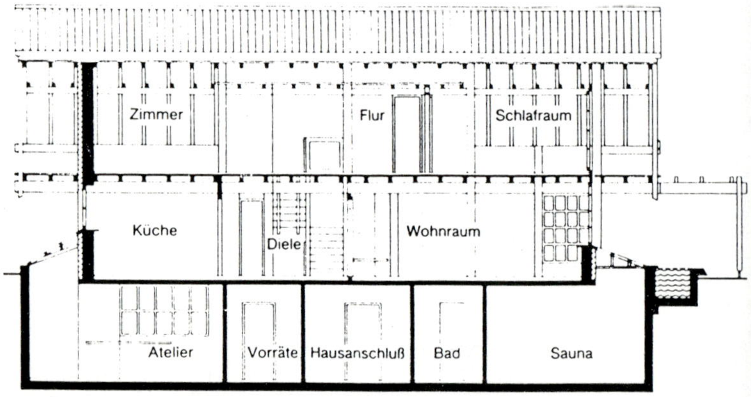

Längsschnitt

6/7 *Der Eßplatz, vom Wohnraum aus gesehen. Im Anschluß daran (nach links) die Küche, deren Möbel ebenfalls vom Bauherrn selbst entworfen und gebaut worden sind*

The dining area, seen from living-room. Adjoining on the left the kitchen, the furniture in which has also been designed and built by the master of the house

8

Holz – Glas – Natur
Ein individuelles Giebelhaus

8/9/10
Das nach Süden liegende Erkerfenster gibt diesem Raum zusätzlich einen optischen Reiz. Hier hat sich die Tochter des Hauses nach ihren Wünschen eingerichtet

The bay-window to the south gives this room an additional optical attraction. Here, the daughter of the house furnished the room to her taste

gebunden, der mittels eines Rücksprungs der Außenwand direkt in den Wohnraum zu reichen scheint.
Als Kontrast zu den naturfarbenen Tönen der tragenden Holzkonstruktion und der Klinker stellen sich die blaugestrichenen Fenstersprossen sowie die ebenfalls blaue schräg verbretterte Haus- und Garagentür dar.
Im Erdgeschoß gruppieren sich Wohn- und Eßbereich mit Küche um eine großzügige Diele, während das Dachgeschoß Schlafräume und Bäder beherbergt. Zwei große Balkone, durch das überstehende Dach

9

10

geschützt, laden zum Verweilen über dem Garten ein.
Durch die geschickte Lichtführung mittels ausladender schräger Oberlichter vor den Giebelseiten des Hauses sind auch die großzügig dimensionierten Kellerräume mit Tageslicht versehen. Hier haben sich die Dame des Hauses ihr Töpferstudio und der Hausherr seine Werkstatt für sein Hobby als Feinmechaniker eingerichtet. Beide wissen inzwischen das spezielle Atelierlicht für ihre diffizile Arbeit zu schätzen.

11/12 *Der vor dem Wohnraum liegende Teich schafft einen harmonischen Übergang zum Garten. Fische und Pflanzen halten das Wasser klar und sauber; Wasserzusätze können entfallen*

The pond in front of the livingroom creates a harmonious transition to the garden. Fish and plants keep the water clear and clean; additives are not necessary

12

11

Holz – Glas – Natur
Ein individuelles Giebelhaus

13 *Ansicht der Gartenseite. Die liegenden Verglasungen vor dem Wohnraum lassen die Kellerräume zu vielseitig nutzbaren Räumen werden – beispielsweise als Atelier*

View of the garden zone. The horizontal glazings in front of the living-room allow the cellar-rooms to be used for various purposes – for instance as studio

HAUS AM HANG

Strenge Symmetrie und klare geometrische Formen machen den optischen Reiz dieses Zweifamlienhauses aus, das dank einer ausgeklügelten Raumaufteilung maximalen Wohnraum auf relativ bescheidener Grundfläche bietet.

Seite 173 bis 178

1 *Der in die Landschaft eingebettete Baukörper* *The building as embedded in the landscape*

HAUS AM HANG

in Leverkusen-Schlebusch

*Architekten:
dt8 Planungsgruppe,
Köln.
Coersmeier,
Ditges, Fuhrmann,
Schaller, Theodor.
Mitarbeiter:
Ulrich, Müller*

*Fotos:
Friedhelm Thomas,
Porlezza*

2 *Eingangssituation*
Entrance zone

Das Grundstück, auf dem dieses Zweifamilienhaus errichtet wurde, liegt in der winkelförmigen Kehle eines Höhenzuges. Oberhalb und seitlich finden sich niedrige Flachbebauungen, zum Tal hin Felder mit einem kleineren Hof und jenseits des Tals dann im wesentlichen von Wald geprägte Landschaft. Es galt bei relativ geringer Wohnfläche großzügige Raumzusammenhänge zu konzipieren, die in einem besonderen Verhältnis zur umgebenden

Haus am Hang

Natur stehen. Die Winkelhalbierende der Hangsituation wurde zur Symmetrie-Achse des Hauses, wobei mit diesem Ordnungsprinzip ganz zwanglos umgegangen wurde. Die Baukörper folgen dem Hang, die Großformen der weißen Kuben ebenso wie die filigrane Struktur des Stufendaches.

Die Architektur dieses Hauses lebt vom Kontrast: die strengen Blöcke mit glatter Putzoberfläche, außenbündigen Lochfenstern, die nur ausschnittweise die Natur erleben lassen; sie stehen einerseits gegen die geschwungenen Formen der Landschaft, zum anderen umfassen sie die transparente in Linien aufgelöste Haut der Zentralräume. Von dort wird die Umgebung großflächig erlebt, mit unterschiedlichen Sichtrichtungen: Von der Empore aus sind es die Hänge, von der unteren Wohnzone bzw. dem Mittelpunkt der oberen Wohnung aus orientiert sich der Blick diagonal in die Ferne.

3 *Detailansicht des Arbeitsplatzes mit Aufgang zur Empore*

Detail view of the studio with ascent to the loft

Ziel ist es, dieselbe Natur immer wieder unterschiedlich zu erleben.

Auch im Inneren steht die kubische Mauerwerksarchitektur gegen die sichtbar belassenen

4 *Der Arbeitsplatz mit Bibliothek*

The studio with library

5 *Das Wohnen auf mehreren Ebenen ermöglicht ständig wechselnde Ausblicke in die Natur der Umgebung*

Split level living offers continously changing views of the surrounding nature

6 *Das Kaminzimmer*

The open fire place

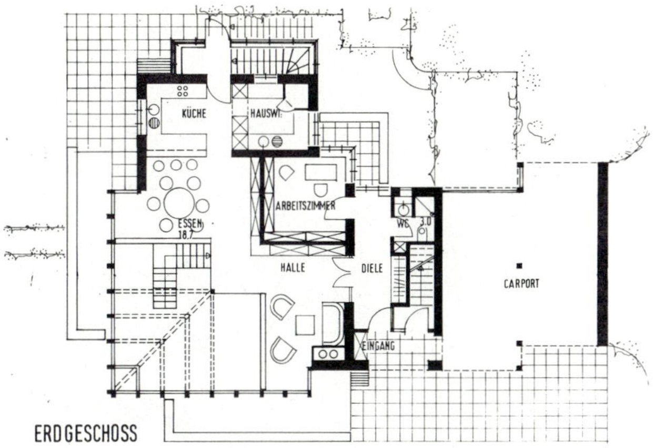

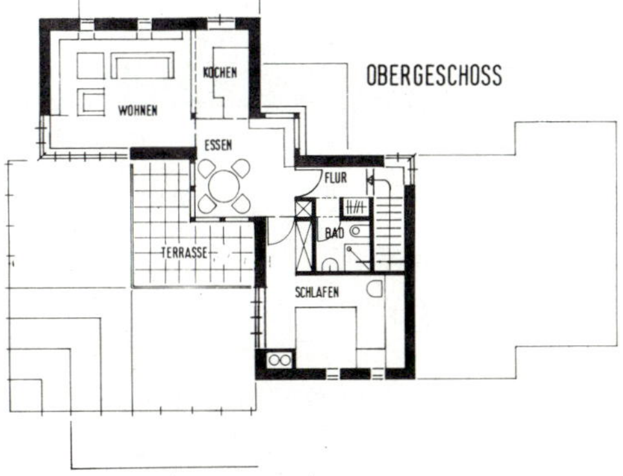

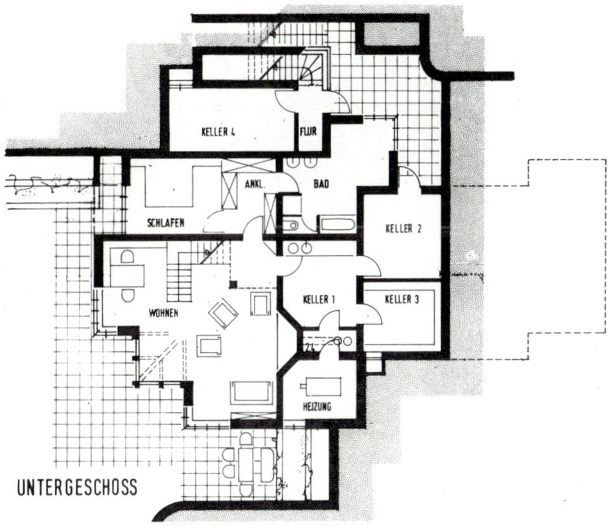

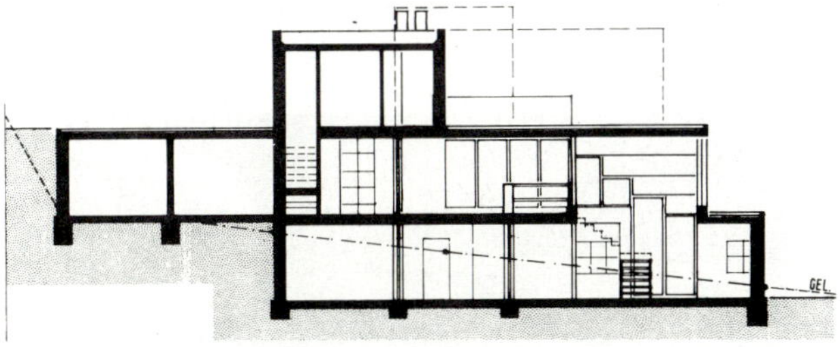

Holz-Glas-Stahl-Konstruktionen. Die Wände sind weiß, sie halten das Licht im Raum. Das Holz ist naturfarben bis auf die dunkler gebeizten Tragstrukturen. Die zierliche Stahlkonstruktion in der Raummitte trägt zum einen das kupfergedeckte Stufendach, zum anderen dient sie als Rankgerüst für das innere Grün.

Das kommunikative Leben spielt sich im Zentralraum ab: im Untergeschoß mit Zugang zur Terrasse der Sitzplatz vor dem offenen Kamin, im Erdgeschoß mit Orientierung zum Garten ein gemeinsamer Arbeitsplatz, auf der Empore zum Eingang hin eine kleine Sitzgruppe für das kurze Gespräch mit Besuchern, auf der anderen Seite – mit Zugang zur oberen Terrasse – der Eßplatz vor großzügiger Verglasung, der durch eine Stehtheke von der Küche getrennt ist.

Abgesehen von dem filigranen Treppengeländer wurden möglichst große Wandflächen und vielfältige Raumsituationen geschaffen, die den Bewohnern reichlich Anstoß und Gelegenheit geben, sich in diesem Raum selbst zu verwirklichen, die Architektur in Besitz zu nehmen.

Unter- und Erdgeschoß werden von einem Arztehepaar bewohnt; das mit gleichem Eingang zu erreichende, ansonsten jedoch völlig separate Obergeschoß dient einem Elternteil als Domizil.

7 *Die Architektur dieses Hauses lebt sowohl innen wie auch außen vom Kontrast*

The architecture of this house is dominated by contrasts, both in the interior and exterior

8/9 *Eßplatz und Küche sind durch eine Theke von einander getrennt*
Dining area and kitchen are separated by means of a bar

Autorenverzeichnis

Architektenverzeichnis

Fotografenverzeichnis